读史衡世·名将篇

忠肝义胆 关羽

金泽灿 ◎ 著

华中科技大学出版社
http://press.hust.edu.cn
中国·武汉

图书在版编目（CIP）数据

忠肝义胆：关羽/金泽灿著. -- 武汉：华中科技大学出版社，2024.4
ISBN 978-7-5772-0364-5

Ⅰ.①忠…　Ⅱ.①金…　Ⅲ.①关羽（160—219）—传记
Ⅳ.① K825.2

中国国家版本馆CIP数据核字（2024）第033787号

忠肝义胆：关羽　　　　　　　　　　　　　　　　　　　　金泽灿　著
Zhonggan-yidan: Guan Yu

策划编辑：亢博剑
责任编辑：李　祎
责任校对：刘　竣
封面设计：VIOLET
版式设计：曹　驰

出版发行：华中科技大学出版社（中国·武汉）　　电话：（027）81321913
　　　　　武汉市东湖新技术开发区华工科技园　　邮编：430223
印　　刷：天津中印联印务有限公司
开　　本：880mm×1230mm　1/32
印　　张：8.25
字　　数：190千字
版　　次：2024年4月第1版第1次印刷
定　　价：49.80元

本书若有印装质量问题，请向出版社营销中心调换
全国免费服务热线：400-6679-118　竭诚为您服务
版权所有　侵权必究

前言

提起关羽，我们眼前便会浮现出这样一个形象：身材高大、长髯凤眼、面如重枣、绿袍长刀。关公、关圣、关二爷之名可谓世人皆知；"温酒斩华雄""千里走单骑""刮骨疗伤"等与他相关的故事，也是耳熟能详。关羽已经在华夏子孙的心目中形成了一个集忠、勇、仁、义、礼、智、信等中国传统精神品质于一身的固定形象。而且在历史的演化中，人们逐渐将他作为神来看待。一位败军之将，却能从"关公""关帝"，到清朝时取代岳飞成为与"文圣"孔子并列的"武圣"，这究竟是为何呢？

对于三国时期英雄人物事迹的记载，陈寿的《三国志》是最真实的，给后人的研究提供了宝贵的原始资料，但是真正让关羽闻名千古的是我国四大名著之———《三国演义》。然而，《三国演义》虽然精彩、经典，但毕竟是一部小说，其中的很多故事情节是经过作者艺术手段的加工，所以书中塑造的很多人物形象、事迹是不符合历史的，其中就包括一些对关羽形象的刻画。在史书中，许多被《三国演义》的读者们津津乐道的关羽故事都是不存在的，或者存在但不是发生在关羽身上。比如"温酒斩华雄"这个情节,陈寿的《三国志》和司马光的《资治通鉴》都有明确的记载,董卓麾下的大将华雄是被孙权的父亲孙坚斩杀的。至于"斩颜良,诛文丑",据《三国志》记载,颜良确实是被关羽所杀,但文丑是死于乱军之中。而桃园结义、三英战吕布、屯土山约三事、挂印封金、过五关斩六将、义释黄忠、义释曹操、玉泉山显圣、魂索吕蒙等情节,则是罗贯中为塑造一个完美的关羽形象而虚构出来的故事。正是这些故事,使关羽"忠义贯古今,神勇震乾坤"的形象历代传颂不衰。

从历史的角度看,关羽是三国时期刘备蜀汉集团的重要军事将领,他追随刘备于微末,为刘备建立蜀国立下了汗马功劳,后被封为"五虎"上将之首。关羽在史书中的形象是比较复杂的,他拥有杰出的军事能力和义薄云天的豪气,但性格却骄矜傲慢。

关羽从历史人物向"神"的演变过程,是经过历代艺术家通过多种形式创作,不断地增饰、完善的结果。这使得关羽的形象在史实的基础上,得到了更加生动的塑造。

关羽一生的故事充满了传奇性,其形象又经历代统治者多次重塑,在民间有着重要的影响。统治者对关羽不断加封各种封号,目的是利用关羽的"忠义"来训导民众为君主效忠,使民众顺从封建统治的秩序。而百姓们对关羽英雄功绩的景仰和崇拜,与其说是乐于接受关羽这样的"神",不如说是希望有一位像关羽那样兼具"忠、义、勇"等品质的英雄来保护自己,希望自己面对的世人多些关羽身上的正义。

了解一个历史人物,不能停留在一个固定的甚至是错误的窠白中。关于三国和关羽的野史层出不穷,是非真假难以辨别,在口口相传、代代相承之下,其真实面目已逐渐被忽视,关羽也逐渐由人成神、成圣，成为一种信仰。本书结合关羽广为人知的事迹，解读其中鲜为人知的史实，为读者还原一段真实的历史和一个有血有肉的关羽。

目录

第一章 青年热血

第一节 关羽家世渊源 …… 001

第二节 乱世多豪杰 …… 006

第三节 男儿壮武配长刀 …… 012

第二章 忠义立世

第一节 流落向北 …… 023

第二节 喜相逢 …… 030

第三节 乡勇练兵 …… 039

第四节 初战黄巾军 …… 045

第三章 转战中原

第一节 诸侯混战 055

第二节 义赴急难 062

第三节 中原之战 067

第四章 寄身曹营

第一节 四雄抢徐州 078

第二节 许田围猎 084

第三节 再图徐州 089

第四节 扬名官渡 099

第六章 结盟抗曹

第一节　诸葛亮出山　122

第二节　战略性转移　127

第三节　孙刘联盟　133

第四节　赤壁之战　141

第五章 投奔荆州

第一节　千里寻兄　108

第二节　汝南相会　113

第三节　依附刘表　115

第八章 威震华夏

第一节 风雨欲来 166

第二节 水淹七军 173

第三节 围困襄樊 182

第七章 镇守荆州

第一节 刘备借南郡 146

第二节 关羽治荆州 149

第三节 单刀赴会 157

第五节 忠义生财	
第四节 三派供奉	215
第三节 文艺作品中的形象	220
第二节 精神之魂	226
第一节 英魂涅槃	234
	244

第十章 登上神坛

第四节 末了一声叹	192
第三节 麦城之困	197
第二节 腹背受敌	206
第一节 阴谋既成	213

第九章 败走麦城

第一章 青年热血

第一节 关羽家世渊源

中条山下,涑水河畔,有一个小山村,东汉时称河东郡解县下冯村(今山西运城市盐湖区解州镇常平村)。这个村子南依中条山,北临古盐池,西北靠鸣条岗,东连涑水瑶台,距州城约八里,是一个风景优美的地方。

下冯村有一户关姓人家,家主名毅,字道远,是个半农半医的乡村郎中。这一天,关毅正在州城郊外帮一个蔡姓地主家抗旱救苗,家里人传信来告知,他的妻子临盆,似难产。关毅一听,立马放下手中的活,跟同伴招呼一声,就往家里跑去。他之所以着急,是因为妻子的身体一直不怎么好,如今又有难产风险,若处理不当就可能会出人命。

时值六月,骄阳似火,暑气熏蒸。关毅一路小跑,竟一口气跑了七八里路，早已汗透衣背。眼看就要到家门口了，突然，巨大的龙卷风如一条从天而降的巨龙凶猛地迎面扑过来，气流被从四面八方吸入旋涡的底部，然后又扶摇直上。关毅望见自家茅屋的顶盖大部分被旋涡卷走，惊惧不已。片刻之间，黄尘蒙蒙，混沌一片，简直分辨不出何处是天，何处是地。这时，一道闪电劈了下来。他身子摇晃了一下，紧接着暴雨倾盆而下，瞬间把他变成了落汤鸡。

关毅既担忧又惊喜，忧是家中妻儿安危不定，喜则是河东大旱数月，如今总算天降甘霖。他三步并作两步，迈进家门。一阵响亮的婴儿啼哭声迎接了他。过了一会儿，产婆出来对他说："恭喜关郎中，是个白胖小子，少说也有十斤重。"

关毅忙进内屋，抱起襁褓中的男婴细看，更是满心欢喜。关毅给儿子取名"长生"。这个乳名有些土气，却明明白白地表达了父母的愿望。关毅觉得，出身的贫贱富贵并不决定一切。谁也无法预料孩子将面临怎样的人生，会有怎样的机遇和挫折在前面等待他，岁月又会对他进行怎样的雕琢，这一切都交由上天来安排。在苦难的岁月里，作为父母，最基本的愿望就是孩子能健健康康长大成人。

长生的降生并没有什么特别之处，只是若干年后，关羽出了名，成为威震华夏的大英雄，人们才联想起他出生之日，正遇上几十年难得一遇的龙卷风。再后来，关羽不断被神化，成为人们心目中的神灵，有关他出生的传说也就越来越多。

其中流传很广的一个传说是：关羽原来是天上的青龙君，

负责巡视河东一带，河东郡解州（县）就在其巡视境内。后来，由于被黄帝杀死的蚩尤幻化成精灵在河东的盐池兴风作浪（抗天旱），蛊惑百姓与天斗与地斗，惹恼了天帝。天帝不由分说，决定从正月十五日起放火三日，以惩罚解州地界的生灵。有一天，青龙君在解州地界巡视，看见路上走着一个青年妇女，怀里抱着一个稍大的孩子，手里却拖着一个哭哭啼啼的小孩子。青龙君认为"抱大拖小"是悖于常理的事，于是变幻成一老翁上前询问。那妇女告诉青龙君说，小孩子是她的亲生儿子，大孩子是她过世的兄嫂遗留下来由她抚养的侄子，因此，她格外疼爱一些。青龙君听了十分感动，认为这里民风淳朴，人心善良，便生发了恻隐之心。青龙君觉得天帝火烧解州生灵的做法太残忍，可是他又无法改变，便把要放天火的事告诉那个妇女，还告诉她破解之法：让她从正月十五日晚上开始，连续点火三夜，可以避免灾殃。并告诉她，这是天机，千万不可泄露。青龙君哪里料到，这妇女是个极为善良的人，她觉得不能只管自己一家安全而置左邻右舍的生命于不顾，便把这个消息转告乡亲们。一传十，十传百，很快大家就都知道了。于是，从正月十五日到正月十七日，解州地界的百姓就燃火三天避灾祈福，避免了一场浩劫。后来，天帝得知是青龙君触犯天条，泄露了天机，盛怒之下，便把青龙君贬降人间。传说关羽就是那青龙转世。"乌龙见形"是世人对关羽出世编造的神话。但是，在解州民间，每年的正月十五日到十七日，百姓都会在晚间燃放焰火，闹三天红火。据说，这个民俗正是由关羽出世这个神话传说而形成的。

显然，这个传说和民俗只是后世表达对关羽的敬仰与怀念的一种形式。河东解州的关氏一族，数十代都生于斯，长于斯。相传，关氏远祖是夏桀的大臣关龙逄（又名豢龙逄，关龙为复姓），也是史上"死谏开先第一人"。

夏桀荒淫无道，不理朝政，筑倾宫饰瑶台，远贤臣，亲小人，谏者皆杀之；建酒池，终日与美女妹喜寻欢作乐，对妹喜言听计从，还十分狂妄地把自己比作永远不落的太阳。对于夏桀的暴行，关龙逄作为夏朝的大夫、贤臣，难以置之不理，他多次向夏桀进谏，要夏桀关心百姓与国家，但夏桀不但没有听从，反而将关龙逄施以炮烙之刑，关龙逄赴火而死。

解州关氏与关龙逄是否一脉相承已无法考证，但关羽本人因崇尚其气节，一直视其为先祖。源流无须追溯，血脉传承之外，人们更看重精神传承。据《关氏家谱》等资料记载，关羽的祖上通《易经》、读《春秋》，诗书传家。关羽的祖父关审，字问之，号石磐，生于汉和帝永元二年（90年），官至汉代劝谏大夫。他学识较为渊博，崇尚道家学说，对《易经》《春秋》也有研究，以象数之学和儒家之学推行教化和治家，所以关羽对《左氏传》"讽诵略皆上口"，应当是秉承家学。

汉和帝刘肇年幼登基时，汉王朝已进入衰败时期，外戚乱政，宦官专权，内讧不已。刘肇亲政后，勤政为民，制定了很多惠民政策，处理了很多冤案，赢得了民心。此时似乎看到汉王室复兴希望的关审入朝为官。然而刘肇英年早逝，仅二十七岁就病逝了。其子刘隆继位时才出生百日有余，刘肇的皇后邓绥为皇太后，临朝称制。汉殇帝刘隆在位不过二百二十一天，去世时刚满周岁，成为最短命的皇帝。之后又改立清河孝王刘庆的儿子刘祜为帝，是为汉安帝。这时期的汉朝，面临内忧外患：朝政完全被外戚和宦官掌控，国内灾害连年，民众苦不堪言；边疆也处于多事之秋，西域各国不满班超离任以后担任西域都护的任尚的苛政，纷纷叛汉。接着就是羌族起义，这场战争长达十一年，耗费巨大，使东汉元气大伤。汉安帝刘祜也在南巡宛城途中病逝。

汉顺帝刘保继位后，宦官、外戚互相勾结，政治腐败，阶级矛盾更加尖锐。因为汉顺帝的皇位是靠宦官得来的，所以他将大权交给宦官。关审历经四朝，对汉王朝失望透顶，信守"祸兮福之所倚，福兮祸之所伏"的经训，恪守道家之道，退世隐居，绝意仕进，因此未在政治上有所建树。有史料称其数十年"绝尘市轨迹"，不交结富豪，不攀附权贵，清静无为，洁身自好。关审在世六十七年，于桓帝永寿三年（157年）谢世。

东汉时期，只有士家大族的子弟才有资格读书，普通百姓是没有机会读书的，从关审的经历来看，当年关氏家族还是有些身份地位的，至少有条件供子女读书。

但到了关羽之父关毅这一代，社会地位已不及祖辈，只是个布衣，但是仍有一定学识，为人善良老实本分，恪守孝道，口碑很好。父亲关审死后，关毅并未像道家所说的那样，让他的父亲复归于自然，而是遵守西汉董仲舒确立的儒家规矩，"结庐守墓三年"。脱服以后，他便开始了半农半医的生活，未在仕途上有任何进展。史载关毅"沉葬于井内"，后世还专为其修建过寺庙。

有关关羽家世，还有另一说。据《中华冯氏源流史》《归田琐记》等记载，那时解州下冯村的居民大都姓冯，关羽也本姓冯（名贤），但是他没有祖父和父亲那种不愿出仕，只求避祸的道家思想，他以天下为己任，想凭借自己的能力，仗义行侠，做出一番功绩。后来他路见不平杀了乡里的恶霸，被官府通缉捉拿，逃亡到潼关时，受高人的指点，打破鼻子，涂血于脸，装疯卖傻。当守卫盘问时，他急中生智，指"关"为姓，抬头仰望空中飞鸟，恰有羽毛飘落，故以"羽"为名。此说法带有极为浓郁的传奇色彩，不值得采信，但从中可以看到后世之人对关羽的崇敬。

第二节　乱世多豪杰

关羽的童年、少年时期，正是大汉帝国最腐朽、最黑暗、最混乱的时期，大汉政权一步步滑向一个危机四伏的旋涡之中。

这时的关毅仅靠行医已无法养家糊口，不得不租种蔡姓地主的几亩薄田（原先只帮地主打短工），增加点收入，以便让儿子能进私塾读书，把诗书传家的传统保持下去。关羽大约在七岁的时候，被送到一位姓胡的私塾老先生家里接受启蒙教育。关羽在读书方面并没有什么天赋，甚至悟性和记忆力不及常人。他对读书也没有什么兴趣，胡夫子看在曾与他祖父关审同朝为官的份上，才勉强将他收入学塾，教他读书识字。

胡夫子是在汉顺帝永和年间入朝为官的，与关审同朝为官只有短暂的一年多时间，但因是同乡，胡夫子又爱交友，因此二人关系比较密切。胡夫子把关审当作长辈一样尊敬。他们都信奉黄老之术，胡夫子曾向关审请教过黄老之术，关审则以退隐行为给胡夫子作出了解答。胡夫子最初还为关审辞官感到遗憾，但他经历了多年官场沉浮之后，也决定远离政治旋涡，辞官回乡，开馆设学授徒。

就在胡夫子回乡开学馆后的第二年，即延熹九年（166年），朝中爆发第一次党锢之祸。起因是宦官赵津、侯览等党羽与张泛、徐宣等人为非作歹，并故意在大赦之前犯罪，期望以此逃脱惩罚，而士大夫中，司隶校尉李膺、南阳太守成瑨、山阳太守翟超、太原太守刘质、东海相黄浮等人不畏权贵，在大赦以后仍然按律处置了这些人。这让宦官集团威风扫地，他们向汉桓帝进谗言，诬告李膺等人结交太学生，"共为部党，诽讪朝廷，疑乱风俗"。汉桓帝大怒，诏告天下，逮捕并审理党人。太尉陈蕃、司空刘茂一同向汉桓帝进谏，引起皇帝不悦。朝中大臣、地方官员以及民间百姓大多站在士大夫一边，纷纷指责宦官乱政，为非作歹，排斥忠良，结果很多大臣因皇帝听信谗言而纷纷被免官，太仆卿杜密、御史中丞陈翔等重臣及陈寔、范滂等士人皆被通缉。李膺、陈寔、范滂等人慨然赴狱，受三木酷刑而不改其辞。成瑨、刘质等人在狱中被害。陈蕃、刘茂均被罢免。后因窦皇后等贵戚和宦官同情，汉桓帝借大赦天下之机释放了被逮捕的党人，但放归田里，终身罢黜。

永康元年（167年）十二月二十八日，汉桓帝刘志驾崩于洛阳。由于汉桓帝没有留下子嗣，便由河间王刘开的曾孙刘宏继位，是为汉灵帝。

汉灵帝即位后，窦皇后被尊为皇太后，再度任命窦武为大将军、陈蕃为太尉，两人与司徒胡广一起执掌朝政。但是作为汉桓帝政治残留势力的宦官集团依然十分活跃。窦武决心铲除这股政治势力，于是推举尹勋为尚书令，刘瑜为侍中，冯述为屯骑校尉；又征被废黜者前司隶校尉李膺、宗正刘猛、太仆杜密、庐江太守朱寓等，列于朝廷，共定计策。窦武等人通过审讯小黄门魏彪，得到了宦官首领曹节、王甫等人的不法证据，并趁日食的天象，连夜上书窦太后，准备将宦官集团一网打尽。可是，窦太后认为从汉元帝时就有宦官参政，这是正常现象。她同意处死宦官管霸、苏康等人，却保留了曹节、王甫等大宦官，以使宦官与士大夫相互制衡。

但随后宦官集团开始了凶猛的反击。曹节先是与皇帝的乳母赵娆一起，蒙骗年幼的灵帝，格杀亲近士人的宦官山冰等，抢夺印、玺、符、节，胁迫尚书假传诏令，接着又劫持了窦太后，利用窦太后的玺书下诏逮捕窦武。窦武得知计划泄露，便射杀了曹节的使者，与陈蕃分头率军讨伐曹节等人，不料被王甫、周靖、张奂率领的虎贲军、羽林军击败。陈蕃被擒，当日遇害；窦武与侄子窦绍兵败自杀；侍中刘瑜、屯骑校尉冯述等人皆被灭族；虎贲中郎将刘淑、尚书魏朗等也被诬陷而被迫自杀；窦氏族人及姻亲宾客皆被宦官集团杀死，窦太后也被软禁于南宫云台阁。

但祸患并没有就此结束。宦官们见窦武、陈蕃、李膺、杜密等人在朝中仍有支持者，于是向汉灵帝进谗言，诬陷党人"欲图社稷"，意图谋反。汉灵帝被他们欺骗，下诏书大兴大狱，凡是党人门生、故吏、父子、兄弟中任官的，一律罢免，禁锢终身，并牵连五族。李膺、杜密、翟超、刘儒、荀翌、范滂、虞放等百余人被下狱处死。各地陆续被逮捕、杀死、流徙、囚禁的士人达到六七百名。胡夫子担心受到牵连，且河东属司隶刺史部（司隶校尉部），距京畿很近，横祸随时有可能降临到自己头上，只得去往并州北部边境苦寒之地避祸。

此时关羽在胡夫子的塾馆读书已三个年头，熟读了启蒙常用书目《仓颉篇》《凡将篇》《急就篇》《元尚篇》《训纂篇》，对《左氏传》也"讽诵略皆上口"，接下来本该通习《论语》《劝学》《孝经》之类的文史著作，可是胡夫子避祸去了，关羽也因此失学了。更糟糕的是，建宁四年（171年）五月，河东地裂，雨雹、山洪频发，天灾严重，关羽父亲租种的农田几乎没有收成。好在关羽已十岁出头，长成半大小伙子了，可帮家里干些零活。有人说，关羽学了一门打铁的手艺，帮乡农打造农具，几年后，打铁技艺便很精湛，还专为自己打了一把大刀；有人说，关羽的母亲是卖豆腐的，因体弱多病，不堪重负，关羽便帮母亲磨豆腐卖豆腐；还有人说关羽给当地的一个大地主做长工。或许，这几样事情关羽都曾做过，虽无可详考，但可肯定他少年时代的的确确是生活在社会底层。

关羽不但对父母很孝顺,而且立志要做一个行侠仗义之人,解救天下疾苦。除了干活,闲暇时间他也练练拳脚刀棒。他这方面的天赋倒是很不错,一根长棒被他舞得虎虎生风;挥一柄长刀,左劈右砍,更是气势如虹、银光如电。他苦苦练就一身本领,要与这个不平的世界抗争。然而,他的心中又很迷茫,如今汉王朝已岌岌可危,天下百姓生活于水火之中,他虽有改变这一切的大志,但自家无权无势,仅凭一己之力,怎能实现抱负呢?

他就此请教了父亲,父亲关毅劝告关羽说:"关家祖宗数十代都是以忠义、仁孝立家,从不依附权贵。乱世之下,做好本分之事才能活得长久,行侠仗义之事,还是不谈为好。"他的膝下就这么一个儿子,怎舍得让儿子去做个游侠,所以言语间流露出几分担忧。

父亲没能给自己解惑,关羽只得去求教于胡夫子。熹平四年(175年),胡夫子从外地返乡,重开学塾。胡夫子在并州避祸时,曾北入羌胡、鲜卑之地,东去冀州,西至雍州游历,认识和听说了不少豪杰,这使他对时局的分析判断和思想观点都有了很大的转变。他认为,按照传统儒家的学说,应当推行德政,只要执政者品行高尚,教化适宜,即使是顽劣刁民、盗贼悍匪也会被感化。在太平盛世,儒家的仁德学说或许行得通,但是在乱世就难免显得苍白无力。如今朝中几代儿皇帝无法掌握权力,宦官、外戚、士大夫都在为自己集团的利益钩心斗角,谁会忠心维护汉王室权威,谁能真心为国家兴盛献策出力,又有谁真正关心天下百姓的疾苦呢？

关羽对胡夫子深施一礼，开口问道："关羽不才，愿救天下百姓于水火，救汉朝社稷于将倾，只是难得其门路，特来求教于先生。"

胡夫子也深知乱世多豪杰，所谓心怀天下是书生，投身乱世即豪杰。他听闻关羽心中的疑惑后，像相师一般将眼前这个少年细细察看了一番，比之四年前，关羽如今相貌堂堂，丹凤眼清澈而明亮，卧蚕眉间透露出一股不易察觉的英气，高挺的鼻子显出正直刚毅本色；胸背宽厚，根骨奇佳，且膂力过人。胡夫子精通黄老之术，阅人无数，看出关羽完全有成为武将的潜质，只是眼下还年少，不谙世事，缺少社会磨砺。他一改过去不看好关羽的态度，赞道："穷且志坚，将来肯定有出息。惩恶即扬善，只有严刑峻法，上惩国家蛀虫，下治狡猾之民，才能保护良善。但是，这一点凭一己之力做不到，还需仰仗权势。"

听了胡夫子这番话，关羽心中似乎又燃起了希望，忍不住再问："还请先生指教一二。"

胡夫子沉思片刻，严肃地说："如今朝纲不举，政局混乱，谁是豪杰，谁是宵小，短时间内犹未可知。有诗云'举秀才，不知书；察孝廉，父别居'，讽刺意味尽显。但能成为一方豪杰的人有一个共同点，他们都在某方面有过人之处，或学富五车、满腹经纶，或武艺高强、侠肝义胆，或忠信仁孝、严持操守，或有奇术异能傍身……乱世之中，无论是在朝还是在野，想成就一番事业和功名，智术技艺皆不可少。"

关羽深以为然，重重点头，诚恳地问道："先生，那我现在该怎么做？"

"习圣贤之道，匡扶正义。大道至简，文以载道，武以止戈，眼下世道多艰，须文武兼修，蓄势待机。"胡夫子笃定地回答。他相信自己察人、识人的眼光，相信关羽是可造之材，在这样一个英雄豪杰辈出的时代，只要善加引导，关羽定会有一番惊人作为。

第三节　男儿壮武配长刀

两汉时期，河东郡历史上最有名的家族当属曹参、周勃两个军功世家，之后又出现了卫青和卫氏家族，以及霍去病、霍光的霍氏家族。正是这些军功世家，给河东郡留下了尚武的风气。

关羽生活在这样一个环境里，又经胡夫子教诲指点，年少时便确立了人生的奋斗方向。据说，他平日除了帮家里干农活，还开了一间铁匠铺，以打造贩卖农具来赚钱补贴家用。闲时，他更加勤奋地习文练武，希望有朝一日能时来运转，实现自己的理想——博施于民而能济众。虽没有人了解这个乡下小伙子的成长过程，但某一天人们突然发现，这个青年性情刚直豪放，疾恶如仇，最讲义气，常常为弱者打抱不平，在村里小有名气。

熹平六年（177年）春，年未满五十的胡夫子生了一场重病，他以为自己时日无多，但还有些心事未了，于是向老伴交代后事说:"我怕是要不久于人世了,这一生虽多坎坷,但有你相依相伴,并生育了一儿二女,我自感福分匪浅,很是满足了。只是幺女已十七出头,还待字闺中,我放心不下,要尽快把她嫁人。"

胡夫人说:"去年秦县丞为其子来提亲,你毫不客气拒绝了人家。现在匆忙之间上哪里找一个好人家?"

胡夫子说:"那秦姓县丞贪婪残暴,欺压乡里,他的儿子也好不到哪里去。我家幺女怎可嫁入虎狼之窝。其实,我心里早有人选,本想找个恰当的时机提出来,没想到我这病来如山倒,等不及了。"

胡夫人说:"你是说关家?那小子倒是有模有样,人品周正,只是关家衰落至此,我不忍心闺女去吃苦呀。"

"如今天下混乱不堪,昨日的王侯,明日就可能沦为囚徒,谁人能永享富贵?关长生有雄称天下之貌,必是幺女可托付终身之人,夫人就相信我吧。"他深情地看了老伴一眼,接着说,"幺女成婚后,你莫要一个人守着孤单,去安邑城投靠儿子吧。"

胡夫人知道这可能是老伴的临终遗言,便含泪点头应承下来。

关毅听胡夫子说要把他家幺女许配给儿子,喜出望外,满口答应下来。关羽与胡氏也见过几次,知道她知书达礼,贤淑善良。听到这个消息,他既惊又喜,立即向胡夫子承诺,一定善待胡氏,绝不相负。此时关羽十七出头,胡氏与他同岁,只小他两个月。

胡夫子在小女儿出嫁后,本以为自己将撒手人寰,没想到病去如抽丝，他竟慢慢地好起来。他坚信这是他做出正确选择的福报。

关羽与胡氏婚后的生活虽然平淡，但也不乏温馨，二人相互扶持，相敬如宾。几个月后，胡氏便有了身孕。然而，这时关母却因劳累过度病倒了，虽多方求医问药，病情却丝毫不见好转。

关母的病体全靠长年累月吃药维持，时间久了，关家的各项开支自然捉襟见肘。为了增加收入补贴家用，关毅只得去村北的解州盐池做工，而关羽留在家中照顾老母，打理店铺。

解州盐池自秦汉以来一直为国家专营，但如今，地方官吏与豪强勾结，把控盐池的生产经营，为了获取更大利益，他们对盐工、盐商肆无忌惮地盘剥，盐工干着繁重的体力活，收入却微乎其微。关毅干苦工所得的微薄收入与关羽打造铁具的收入，少部分作为家用，大部分都用来为关母看病抓药了。

有一天，关羽到解州城去为母亲抓药，遇上一场大雨，便跑进一家店铺躲雨。待站到店门下，他抬头一看，原来是一家面馆。他正好感觉肚子饿了，于是入店叫了一大碗素面吃起来。他正吃着，突然从外面闯进来几个打扮流里流气的青年，他们的头目将一把双刃胡刀拍到案桌上，皮笑肉不笑地问道："冯老板，还记得今日是交水费的日子吗？"

冯老板闻言一脸惧色，怯怯地说："前日小店不是才交了一百钱吗，才过了一日怎么又要交？"

"装糊涂吧，"大头地痞哈哈干笑一阵，接着道，"上次交代过你，自本月起每月交二百钱，一钱都不能少！"

"本店的生意越来越差，而商税一年数涨，今儿连水费也平白涨了一倍，这生意还如何做得下去？"冯老板连声叫屈。

大头地痞狠狠瞪了冯老板一眼："我等只是奉命行事，你哭穷没用，爽快拿钱了事，否则别怪爷不客气！"

冯老板脸色骤变，一时怒起，骂道："那狗贪官和'解州虎'真不给人一点活路，实在是欺人太甚！今日不管你们受何人指使，这钱我还就不交了，我这条命你们要就拿去吧！"

"姓冯的，敢在爷面前耍横？"大头地痞对几个手下一挥手，"给我砸！"

几个地痞一拥而上，把店里的坛坛罐罐砸了个稀巴烂，然后又挥刀劈砍桌凳。店里的吃客纷纷逃出，只有关羽仍坐在原处慢条斯理吃着面条。冯老板跑到门口大喊，希望有人伸出援手或予以声援。可街上的人避之如瘟神，恐惧得都不敢多看面馆一眼，自顾低头匆匆而过。

这时，两个地痞挥刀砍向关羽的桌子，一边砍一边嘲谑："还有一个不怕死的小子，是想做个饱死鬼吗？"话音未落，关羽便一拳挥出，正中其中一个地痞面门，他两眼直冒金花，踉跄后退。他的同伙见这个乡下小子竟敢动手，都一起朝关羽扑来，大有要把关羽乱刀砍死的架势。关羽操起身旁的长凳横挡住朝自己砍来的刀，然后起身跨前一步，一个扫堂腿，几个地痞随即齐齐扑地。

这几个地痞平时仗势欺人惯了，从未遇到敢于反抗之人，今日碰上个硬茬，这让他们始料未及，一时手足无措。大头地痞见这乡下小子有功夫，几人加起来也不是对手，打下去要吃亏，于是放下一句狠话，带着几个手下灰溜溜地跑了。

冯老板转回店内，见关羽正在扶起掀倒的桌凳，拱手说道："这位侠士，多谢你了。"

第一次听人称自己为侠士，关羽心里很受用，嘴上却说道："关某虽是乡野鄙人，对付这几只恶犬还是绰绰有余，店家不必多礼。"

"如今好人怕歹人，像你这样敢与歹人相斗的后生实在不多了。"冯老板慨叹道。

关羽不善言语，直接道出心中的疑惑："方才砸店的那伙人说是收水费的，这水费是怎么回事？"

冯老板小心地环顾四周，然后才告诉他说："此事一句两句还说不清楚。这面店是我祖上开的，最初生意不怎么好，主要是因煮面的水不好。解州城这个地方北临十里解池，解池是个盐海，周边河溪里的水也是咸的，还夹有苦味，不宜食用。为了生意，祖上便想法子在店后打了一口深水井。井水清冽甘甜，用上深井水后，面店的生意也旺了起来。之后，城里稍有些财力的人家纷纷仿效打井，这样城里便有了十来口甜水井。然而，到了我这一辈，世道完全乱了。解州城里出了个地霸，姓吕名雄（熊），诨号'解州虎'，长期在城中为非作歹，并与县衙里姓秦的县丞沆瀣一气，欺压良善，盘剥百姓。这二人设计，以保住地下仙气为借口，把分布在城中各处的水井都封死了，只留下面店后的这口水井，申明收归官府所有，然后令城中所有的人都到这里来挑水，每担水收费一钱。最初，面店用水不用付钱，毕竟这口井就是我们冯家的。可后来，因用水的人多，井水越来越不够用了，面店用水也得付钱，每月竟多达百钱，当地百姓无不义愤填膺，但敢怒而不敢言。"

关羽闻言，怒火中烧："那这秦县丞又是如何与他勾结到一起的，县令为何置之不管呢？"

冯老板压低声音对关羽说："这'解州虎'财大气粗，自然舍得多给秦县丞些钱财，而秦县丞把持县衙大权，二人已先后赶走两任县令，百姓向谁告状去？前几天他们还逼死了城南孤苦无依的老婆婆，抢走了老人的孙女。像这样无耻的行为经常发生，简直多不胜数。"

关羽听完恨得牙痒痒，但眼下又无可奈何，他起身准备付钱告辞，但冯老板怎么也不肯收钱，并劝他尽快离去，免得那伙地痞来报复。关羽也不再坚持，出了面店，抬头看了看已放晴的天空，他在心里发誓，一定要找机会惩治这帮恶霸。

关羽回到家中，向父亲提及此事，关毅带着些无奈对他说："这秦、吕二人，横行乡里多年，早已臭名昭著，无人敢惹，你年少冲动，以致惹祸上身。而今你已有家室，做事当思虑后果，凡事三思而行，能忍则忍，以求家人平安，不可再冲动了。"

关羽点头称是，心里却另作他想。

关羽一家人的日子在平淡中度过。光和元年（178年）五月十三日，胡氏诞下一子，关羽为长子取名"平"。村子里的人都在为自家的生计忙碌，没人关注关家已添新丁，甚至后来有人把关平当作关羽的养子。

关羽得子自是喜事一桩，但生活负担也随之加重。关毅在盐池干零工，白天垦地为畦，在畦边掏出一条小沟，池水经沟入畦，水分蒸发后自然出盐。这些活很辛苦，但一天挣不到几个钱。关羽则在村头架起炉灶打铁，也是常人干不了的重体力活。

这天傍晚，关羽正在木棚下打造一把铁锹，村里的一个老伯匆匆跑来，冲着关羽喊道："长生，快去盐场，你爹被人打伤了！"

关羽闻言，来不及多问，丢下手中的铁锤，拿着刚打制的长柄铁锹就往村后跑去。村庄外是一片平原坡田，其中有一条大道通往北面几里地外的盐池湖。

到了现场，关羽一眼便看见父亲躺在破木板上，不断有鲜血从口鼻中溢出。旁边还有一个监工头模样的中年粗壮汉子正将皮鞭挥向另一个老汉，一边打一边骂道："你们这帮蠢奴，平时只知讨工钱，干活却偷奸耍滑，等着算账吧！"

关羽在父亲身旁蹲下问："爹，您伤势如何？是谁打的？"

关毅嘴里说着"不碍事……不碍事"，目光投向那个正在打人的监工头。

关羽怒从心头起，猛地一步冲上前去，挥起手中的铁锹，劈向监工头的腰间。监工头猝不及防，"咚"的一声倒在地上。

关毅慌忙喊道："长生你莫要莽撞！不能与官兵动武！"

这时，七八个监工从棚里飞奔而出："好小子，敢跟我们动手，看来你是活腻了！"他们抄起家伙，合力围住关羽。同村的一个壮汉见关羽要吃亏，也操起一根扁担过来助阵。二人三下五除二，很快把这帮监工打倒在地。

"住手！"突然传来一声暴喝，来人正是"解州虎"吕雄，与他一同来的是巡视盐场的县尉，他们身后还有十多个官兵。

吕雄肥胖的身子从马上翻滚下来，骂道："你们这些暴民，竟敢在官家盐地闹事，还打伤监工，真真该死！"

监工头跑过来，恶人先告状："雄爷，这厮也太猖狂了，蓄意闹事，无法无天，竟殴打监工……"

关羽与吕雄怒目相视。吕雄回头看了县尉一眼，命令似的说道："你赶紧下令，把这几个暴民抓回县衙，重重治罪！"

县尉骑在高头大马上，威风凛凛。他知道吕雄与秦县丞合伙垄断盐场的经营，盘剥盐工，欺压盐商，对这个专横残暴的土霸王早就心有不满，于是冷冷说道："本尉是朝廷命官，不是你的家丁，抓与不抓自有判断。"他下马询问了事发缘由和全部经过，最后对关羽等人说："官家盐地，闹事者本当治罪，念及事出有因，又有两名盐工被监工打伤，暂不追究。你们把伤者带回去吧。"

吕雄见县尉做出这样的判处，非常生气，但也不好当场发作。他用马鞭指着关羽等人，恶狠狠地说："此事没完，迟早找你们算账！"

关羽只当没听见吕雄的威胁，背着父亲返回家中。那位被打成重伤的盐工也被人抬回家去了。关毅回家躺在床上，叮嘱关羽说："长生，为父无碍，莫要轻易动怒。圣人说'君子威而不猛'，你要记住。"

关羽想让父亲放心，便点头应诺。傍晚时分，一个村民来给关羽报信说："我的侄子是吕府的佣工，听说吕雄明天一早就会来村里抓你们去治罪，怕是要动私刑了。你快到外面去躲一躲吧。"

十里八乡的人都知道，若被这个"解州虎"抓去用刑，非死即残。关羽思来想去，最后做出一个大胆的决定，先下手为强。

这天深夜，新月渐渐隐去，只剩几颗星辰仍在深沉的夜里发出微弱的光芒。远处涑水静静地流淌，那低沉的流淌声如同久久压抑的呜咽，令人感到喘不过气来。

趁着夜深人静，关羽悄悄摸进"解州虎"在镇上的别院，但还是被三个护院的家丁发现，拦住一阵厮打。关羽一个过肩抱把冲在最前面的家丁摔倒在地，让他再也爬不起来。另外两个家丁立刻拔刀相向，关羽也从背后抽出马刀，与家丁对打。两个家丁出刀，刀刀都是下死手。关羽大怒，就不再留情，一刀一个，两个家丁瞬间毙命。接着，关羽将摔倒在地的家丁一把揪起，低声喝问吕雄的住处。家丁瑟瑟发抖，指了指一个房间。关羽用刀背砍昏家丁后，又迅即潜入吕雄卧室。

正打着呼噜沉睡的吕雄惊醒过来，看着面前手举马刀的大汉，双目圆瞪似灯笼，惊恐万状道："你是人是鬼，要钱还是要命……"

"姓吕的，你危害乡里，欺压良善，草菅人命，血债累累，早就该死！"关羽一边怒斥，一边举起马刀。

"好汉且慢！"吕雄一个翻身跪在床上，连连叩头，"不知我与好汉有何仇怨？我愿拿出所有钱财，买我这条贱命……"

"钱财岂能化解你犯下的罪孽？今日我乃替天行道，替民申冤，如何能饶你！"关羽话毕，手起刀落，劈死了这个恶徒，然后迅速逃离。

关羽返回家中，双膝跪在父母榻前，泣声道："爹，娘，孩儿不孝，今闯下弥天大祸杀了恶霸吕雄，定会祸及全家人性命。为今之计，只能连夜出逃。还请爹娘与孩儿一起远逃他乡！"

关毅听了儿子的话，似乎一点也不惊讶，也没有丝毫恐惧之色。他早知道儿子为人正直，早晚要惩治那恶霸，只是没想到儿子会如此果决。他沉声道："为民除害本是义举，但你却太过鲁莽！大祸已闯下，责骂你也于事无补。只是不知你考虑过全家人的活路没有？考虑好你自己和妻儿的退路没有？"

关羽一脸愧色，说道："孩儿只想到一家人逃出去再作打算，怕是要让爹娘吃苦受累了，孩儿该死。"

关毅见儿子一直跪地不起，很是无奈，他让关羽先回房换掉带血的衣服再一起走。关羽收拾行装的时候，嘱咐妻子胡氏立刻带着幼儿关平回安邑城的娘家避难。胡氏没多犹豫，拿了几件换洗衣服，用背袋背起关平就走。她叮嘱关羽说，有了落脚的地方，就去安邑城接她和儿子。

关羽打理好行装出来，关毅却对他说："我和你娘，一个有病在身，一个被打成重伤，哪里经得起逃亡这般折腾？即使逃出去，也是埋骨他乡。况且，官府若依国法行事，自然祸不及家人,抓不到你,也不能拿我们两个老家伙怎样,我们兴许还能侥幸逃过这一劫。"关毅怎么也不愿意随儿子去逃亡。关羽又劝说了大半个时辰,但关毅的态度很坚决。

眼看天色已经放亮,官府的差官带着百余士兵正朝屋子围过来。关羽迫不得已,再次跪拜父母后,迅速走上了通往山中的小径。在晨曦的辉映下,向东急急走去。

此时在关家,面对围上来的官兵,关毅搀扶着妻子来到井边,高声喊道:"男儿壮武配长刀,但愿我儿能为天下冤魂讨回血债!"关毅和妻子深情对视了一眼,携手跳入井中。

这一年是汉灵帝光和二年(179年),关羽刚好十九岁。从这时开始,他的生命轨迹完全改变了,开始了漂泊生涯。

第二章 忠义立世

第一节 流落向北

在夜晚的迷雾中,荒山野岭人迹罕至,关羽踏着月色行进。为躲避官府的追捕,他在山里夜行昼宿,历时两年有余,经中条,越恒山,穿太行井陉,至冀州。

流亡途中,关羽以何为生,史书未有记载。这给人们留下很大的想象空间,有人说是捕猎,吃兽肉卖兽皮;有人说是推着小车做贩卖绿豆、枣之类的小生意;甚至传说关羽爬树上偷别人家的枣来卖。

这年隆冬,一场大雪覆盖庄稼,河水结冰,山峰银装素裹,一眼望不到人烟。关羽踏雪而行,一直走了二三十里路,终于走出山区,他感觉自己已经筋疲力尽,再也走不动了。此时天渐渐黑了下来,关羽看到不远处有灯火,就一步一步,向前方的小屋走去，身后留下一排三四寸深的脚印。

这是一个不大的村落，散布着稀稀疏疏的几户人家。关羽走到一个院子前，隔着篱笆低声呼唤道："有人在吗？"

好一会儿，从屋中走出一位老者，问道："这冰天雪地的，是谁啊？"

关羽弯下腰恭敬地对老者说："老丈，我路过此地，天色已晚，想借宿一宿，不知可否行个方便？"

老者凑到跟前，借着雪天暗光看了看关羽，见他高大威猛，容貌端正，眉宇间隐隐透着一股正气，而且态度恭敬，言语举止有礼，于是说道："侠士请进，寒舍简陋，不嫌弃的话就在这里将就一夜吧！"

关羽谢过老者，跟在他身后走进院子。老者拾掇了一个房间，让关羽歇脚，又送了些饭食过来。关羽肚饱身暖，正准备休息，忽然听到老者房间传来若隐若现、断断续续的哭泣声。

关羽十分惊讶，轻轻起身披上衣服，来到老者的窗下静听，果然是有人在哭泣。关羽按捺不住叩响了房门，问开门的老者："老丈，我听见房间里有人哭泣，不知是什么人？所为何事？"

老者满腹的冤屈正无处诉说，就把关羽请了进来。关羽看到房间里除了老者，还有一个十五六岁的少年和一个十三四岁的少女。少年高高的个子，身材适中，两道浓眉下是一双炯炯有神的大眼，鼻直口阔，脸色略微有些发黑；少女头发蓬乱、满面泪痕、表情忧郁，但五官清秀。两个孩子在老者的示意下，转身出去了。

关羽见老者还在不停拭泪,心生怜悯之情:"不知老丈如此伤心所为何事,不妨讲与我听。"

老者搬出一酒坛,给关羽和自己各倒了一碗酒,端起来,一饮而尽,随后便是发自心底的一声长叹,缓缓开口:"咱这石邑处于山前平原边上,虽说不上多富庶,但日子还过得去。前些年,匈奴和鲜卑几次犯边,我儿子戍边战死,儿媳未久又病故,留下孙儿孙女孤苦无依,我好不容易把他们拉扯大,想着能过上几天轻松日子了,却不知从哪里冒出来一批流民,自称是'大贤良师'的徒众,嘴上说着信奉太平道,却干着欺压乡邻、打家劫舍、拦路抢劫的勾当。这些徒众还很好色,周围人家的女子,只要年轻貌美,不管是待嫁的少女还是已婚的少妇,都会被强行掳走。前不久,我这孙女外出在半路被这伙强盗拦截,拖入树林中施暴。我见孙女迟迟不归,便外出寻找,终于在树林中找到了遍体鳞伤、奄奄一息的孙女。她几度寻死,都被我拼死阻拦。这样的祸事,官府不仅不管,还公然受贿,为虎作伥。老百姓斗不过他们,又告官无门,只能忍气吞声。今儿我孙子从亲戚家回来,听说此事,非要拿刀去找那伙人拼命不可,我好不容易劝阻下来。唉,老天无眼啊,总是将灾难降临到不幸人头上……"

关羽听闻老者倾诉悲惨经历,扼腕不已。"天下乌鸦一般黑,难道真的没有公道可言了吗?这班蟊贼,真当斩尽杀绝!"他瞋目切齿说道。

老者缓了缓情绪说:"蟊贼该杀,可凭我和我这孙儿,杀得了谁？就是拿命去拼，也是以卵击石啊……"

关羽不知该怎么劝慰这位伤心绝望的老人，坦诚地说道："不瞒老丈，我就是杀了欺压乡里的恶霸逃出来的，希望能寻找到行侠仗义的同道之人，铲除天下歹人。我相信天下还有众多正义之士，只是一时难遇。不知冀州有哪些人可称真英雄，还请老丈指点一二。"

老者想了想，说道："老朽孤陋寡闻，除了听闻刺史刘虞之名，好像就只有崔氏家族名望大了。"

关羽对王公士族没有太大好感，他们高高在上却虚伪自私、无能懦弱，要不然也不会把好端端的一个大汉王朝折腾到气息奄奄，反不及江湖之中那些自有真性情的豪杰。当夜，关羽心中烦闷，夜不能寐，起身徘徊于院外。他有报国安民之志，有一身好武艺，此刻却猛然生出一种从未有过的无力感，不说保国安民，就连帮老者报仇都做不到。当下何去何从？茫茫夜空之下，朗朗乾坤之间，只怕难觅一块安身之地。投靠豪门士族，一向傲视权贵的他办不到，或许只有到北方边境之地从军戍边，杀敌建功，方有机会立身于世。四下寂静，关羽不由仰天大喊一声，将心中的所有怨气尽皆发泄出来。他没有发觉，老者已悄然来到他身后，沉声道："侠士想要安身立命，还是应当选择一个好的靠山。"

关羽疑惑地看着老者，老者继续说道："大势之下，人力渺小。霸王神勇，万人不敌，亦败亡垓下！侠士胸怀大志，身怀绝技，自当决断。"他把一皮袋醪酒和一包熟食递给关羽，用沙哑的嗓音说道:"老朽只能以此为侠士壮行!"

关羽拱手道:"亡命天涯之人,竟得老丈如此厚待。他日有缘,定报老丈之恩!"

关羽继续沿太行山东麓北上,来到了冀州中山国。走在这古老王国的土地上,关羽无心领略燕赵风情,急着向人打听北去戍边的道路。但他一连问了数人,都摇头表示不知。有人听到他所去的目的地,更是大感不解:大批的流民都流向中原,他却要北去蛮荒之地。关羽哪有心思理会他们,继续一路向北行去。

过了中山国,关羽不知该何去何从,又身疲力乏,便坐在一棵枯树下歇脚。他从行囊中摸出一个硬如石块的馍馍,正啃吃着,忽然听到前面传来一阵争吵打闹声,于是循声前往。

前面的道路被一群人堵住,只见十多个身着红甲、手持长矛的郡兵将六个行商打扮的人围在中间,关羽细听了一会儿,终于明白是怎么回事了。原来,这些"郡兵"是假冒的,他们打着官府旗号,想强买这些商人的马。虽说是买,但给出的价钱是商人根本无法接受的,争执由此而起。"郡兵"头儿看费了半天口舌谈不拢,凶相毕露,下令将商贩捆绑起来,若敢反抗,就用长矛说话。商人手里没有武器,人数又比对方少,哪里敢反抗。可是这几十匹马价值不菲,这样被强贼抢去,他们又岂能心甘,其中一人喊道:"兄弟们,跟他们拼了!"

这几个商人多少是有点本事的,面对拿着长矛的强贼,赤手空拳还能斗上几个回合。但过了一会工夫,商人这边有几人体力明显不支。这时候,有人向关羽喊道:"侠士,救救我们!"关羽回过神来，把行囊往地上一扔，冲进混战的人群中，一伸手便将一个强贼手中的长矛夺了过来，很快就有几个贼人被他打破头或打断腿，疼得嗷嗷直叫，不敢再上前来。关羽并不想杀死这些人，再给自己惹下祸端，将他们击退便是。商人这边因有关羽加入而败势逆转，又打了一阵。强贼的头儿见关羽明显不好惹，不敢恋战，打了个响哨，贼人尽数撤去。

这时，一个三十岁左右的商人朝关羽走来，拱手道："多谢侠士出手相助。敢问侠士尊姓大名？"

关羽拱手回道："鄙人姓关名羽。"

"侠士带着行囊，是要出远门吧？"商人将一小袋钱递给关羽，"一点小意思，权作壮士的路资，还请笑纳。"

关羽皱眉，将钱袋推回，淡淡说道："出手相助，只是痛恨强贼作恶，收你钱财岂不是陷我于不义。只是不知商家何去何往，能否指点北去边境之路？"这笔钱对于亡命天涯的关羽来说可谓雪中送炭，但他不想让人误解他的仗义之举是为了钱，所以拒绝了这份好意。

"真乃义士也！"商人赞叹一句，解释道，"我等是冀州中山行脚商，鄙人张世平，这是义弟苏双，我俩合伙做贩马生意，请了几个帮手，不料今日遇此劫难。我等时常往返于中山与幽州的上谷、渔阳之间，对这一带的山川地理很是熟悉，此去与关侠士的去向一致，关侠士不妨与我们商队一路同行，也好相互有个照应。"

关羽面露喜色："如此甚好。"便与张世平、苏双同行。路上，他向二人打听从军戍边的事情，张世平告诉他说："如今戍边的大多是本地人，官府不给派发粮饷，甚至连武器也要自备。关侠士一身本事，为何一定要去戍边呢？"

关羽不好回答，只反问道："官府为何不给戍边的将卒发粮饷呢？"

"官府本就无多少钱财，为数不多的粮饷也被层层掏空了。"张世平想了想，又补充道，"如今都是本地官府募兵守边，遇有战事发生，朝廷才派兵来增援地方，那时朝廷才给发粮饷。"

关羽闻言，沉默了。如果真如张世平所言，不给发饷，还要自筹装备，他如今行囊空空，食不果腹，戍边这条路显然走不通了。

张世平见关羽不说话，又换了个话题："看关侠士的行囊，所带之物不多，且身上衣物也较为单薄，这越往北走越是寒冷，只怕很难扛受得住。我听说涿州有个刘姓义士正在招募义从，关侠士不妨去试试，或许能遇到真正同道之人。我这里有些薄资，关侠士可拿作盘缠，再添置些衣物，只当感谢义士救命之恩，切莫再推辞了。"

关羽听到张世平提供的这个消息，非常高兴，他再三拜谢张世平的资助后，便离开商队寻招募义从的去处了。

第二节 喜相逢

　　时值三月，空气中散发着浓浓的春天气息。这天，关羽来到人们称作桃庄的一个小集市。一树树桃花开得正旺，他无心留意空气中桃花的芳馨，依然行色匆匆。这天中午，他来到集市上的一家小酒肆门前，闻到店里飘来的酒菜香味，这才感到体乏肚饥。他走进店里，一来是要填饱肚子，二来要打听招募的情况。他一进门就迫不及待地高声呼喊道："快拿酒来。"声音洪亮有力，引来众人回顾。

　　店小二上前招呼他道："客官是要一壶酒吧，本店有杜康酒、景州老浊酒、上品黄酒、三蒸醇清酒，还有稀罕的葡萄酒，客官想要哪种？"

　　关羽说道："来一壶最便宜的浊酒便罢。"他声音不大，却丝毫没有无钱买好酒的自卑感，不少人向他投来目光。只见他头裹青巾，身穿青色衣袍，身材魁伟，相貌堂堂，眉似卧蚕，唇若涂脂，微眯的丹凤眼隐隐露出一抹凌厉之光，虽沦落颠沛，但也难掩天生的英武本色。关羽端坐桌前，好似一尊塑像，见众人用这般眼神看他，不由得叹息一声。

　　这时，身后传来一个浑厚的声音："大丈夫不谋求为国效力，何故唉声叹气？"

　　听这声音，关羽以为是个老者，回头一看，原来是一个皮肤黝黑、体魄健硕的小伙。此人就是年仅十六七岁的张飞。不少书中形容他形貌异常：身长八尺，豹头环眼，燕颔虎须，声若巨雷，势如奔马（这可能是他壮年时的形象）。

张飞走到关羽桌前，拱手道："在下姓张，单名飞，是这酒店的少东家。"

关羽微微欠身，也拱手道："在下姓关名羽。"

张飞笑道："既在此相逢，那就是有缘。看你风尘仆仆之色，想必是远道而来吧？"

关羽心想，他既为酒店少东家，肯定知道招募义从之事，不妨跟他多打听些情况，于是说道："在下从司隶州而来，想结交仗义行侠的同道中人。听说涿州有人树旗招募义从，专程为此而来，不知少东家是否知晓此事？"

张飞没有马上回答，呵呵笑道："竟还是位侠客。既为豪杰之士，当食山中大肉，饮烈酒甘汤！"他招呼店小二上两坛景州老浊酒，再备些荤菜。

关羽不解张飞此举何意，正想打听清楚，又听张飞说："关侠士所问之事，等玄德兄来了自有分晓，现在只管饮酒吃肉，这饭钱全算在我头上。"

张飞话音刚落，就见门外走来一个二十岁左右的白面书生。张飞迎上前去低声问道："玄德兄，今日招募的情况如何？"

白面书生回道："不太好。出告示已有几个月时间，至今才百十来人，多是平庸之辈，既没有武艺高强之人，也没有远见卓识之士啊。"

"今日我倒是遇到了一位侠士，我看此人定是玄德兄想要的人。"张飞乐呵呵地说。

"这世上能让贤弟看上眼的人可不多，快带我去见见！"白面书生半信半疑。

张飞来到关羽桌边，对书生说："我说的侠士就是这位。"然后又转向关羽道，"此乃招募义从的正主，玄德兄。"

关羽连忙起身施礼："在下司隶河东郡人氏，姓关名羽，字云长。听闻这里招募义从，特来应募。"

"真乃壮士也！在下姓刘名备，字玄德，本地人氏。"刘备感到关羽站起身的这一刻，立马给人一种压迫感，不由得先称赞了一句。

张飞在一旁介绍说："玄德兄是汉景帝玄孙、中山靖王刘胜之后，乃王室宗亲。"

听了张飞的话，关羽面露惊讶之色，又侧身施一大礼："刘公子原来是大汉宗亲，关某眼拙了，恕在下失礼。"

"唉！只是有名无实的旁支子弟罢了。"刘备叹息一声，用眼角余光看了关羽一眼，神色黯然地说道，"而今汉室衰微，外忧内患，外有强敌环伺，战事连连；内有天灾接踵，民不聊生。朝中则是佞臣弄权，两次党锢之祸还在禁锢党人，使无数士人不能为国出力；今又有十常侍争权夺势，扶持党羽，迷惑天子。我恨不能持剑清君侧，还大汉以清明。"

关羽本来对这个王室宗亲抱有一丝警惕，听到他这番话后，知道自己不虚此行，便附和道："阉贼可恨，人人得而诛之！"

这时，酒菜上来了，三人一边吃喝，一边讲述各自的经历、志向。

张飞是涿州（县）桃庄的一个富家子弟，张家在桃庄有大片土地，在桃庄小集市上有酒肆、肉铺等生意。而张飞本人小时候接受过文化教育，只因不爱读书，又性情急躁，没有学到多少知识，但他的书法和绘画都有模有样。张飞性格豪放，专好结交天下豪杰，立志成为有抱负、有作为的英雄。他虽是肉铺的东家，可能从没杀过猪，只是在《三国演义》中，作者把他塑造成一个鲁莽的形象罢了。

刘备的故里在涿州县城西南十五里的楼桑村，距离张飞故里桃庄仅五六里地。据说刘备家门口有棵大桑树，有五丈来高，枝繁叶茂，很像富贵人家的豪华车盖，路人皆称此树非凡。当时有个叫李定的名人，善相术，能算人之前途富贵，他见过此树后惊叹：这家人不得了，日后必出贵人。

刘备当时年纪尚小，大概听不懂李定的话，不过他倒是知道这大桑树很像大富人家的车宝盖，有一回他跟小伙伴在树下玩，突然指着大桑树喊道："我以后也要坐这样的羽葆盖车！"长大后，刘备"好交结豪侠，年少争相附之"。

刘备少时，在叔叔的资助下，师从经学大家卢植，与公孙瓒为同窗好友。当时公孙瓒在涿州为官，刘备借势公开在集市上招募义从。一个偶然的机会，刘备与张飞相遇，二人经过一番交谈，感到志趣相投，而张飞又是豪爽之人，立马表示愿意资助刘备成就大事。

《三国演义》这样描述身处落魄之境的刘备："本汉室宗亲，闻黄巾倡乱，有志欲破贼安民，恨力不能，故长叹耳。"在人头攒动的集市上，以织席贩卖草鞋为生的刘备面对招募义兵的榜文，慨然长叹。爱结交英雄豪杰的张飞听见后，豪迈地说："吾颇有资财，当招募乡勇，与公同举大事，如何？"这实在是天大的好事，无异于雪中送炭。二人当即携手进入村店豪饮高谈。事实上，刘备招募乡勇时，还没有听说黄巾起事。

听完刘、张二人讲述之后，关羽也敞开心扉，道出了他杀人的原因：因豪强欺压良善，欺凌乡人，忍无可忍，一怒之下杀了恶霸。事后，被官府通缉捉拿，不得不背井离乡。原本打算去北方边境从军戍边，杀敌立功，谋条出路，但从现实来看，已无可能。

"一路走来，遍观地方门阀豪强日渐兴起，与官府勾结使百姓家破人亡，失去土地，成为无家可归的流民。流民并未反抗压迫，而是三五成群，作奸犯科，或流于乡野田间，或负案在身，为躲避官府追捕，占山为王。"关羽的语气有些悲戚和绝望。

刘备说："关侠士所言正是在下最痛心疾首之处。既然如此，大丈夫生于天地间，难道不想要建功立业，为天下苍生与这乱世斗一斗吗？"

"所以我等想要号召天下义士来共谋大业。今日我与关侠士一见如故，还想请侠士和我们一起共谋大事。"又饮了一杯后，刘备直接邀请关羽共谋大业。

"何为大业？"关羽眯起眼睛，明知故问。

"如今天下局势动荡,正是吾辈建功立业的大好时机,男儿在世,怎能碌碌无为?当提三尺之剑,立不世之功,上报国家,下安百姓,此为英雄豪杰也。"刘备斗志昂扬地说道。

此时关羽内心早已翻江倒海,他从小习文练武,就是为了有朝一日建功立业。虽然他听得出刘备想召自己为义从的意图,但他只是一个背负命案、一无所有的平民,行侠仗义、惩恶扬善尚可,更加长远的事情他还从未想过。他并不反感刘备的招揽,甚至有一些心动。但共谋大事,非一朝一夕可成,甚至一辈子也不能成事。他忽然想到自己的妻儿还在安邑,生死未卜,思念之情顿生,因此有些犹豫不决。

看到关羽面色为难,刘备心中了然,连忙给关羽斟了一杯酒,说道:"干大事难免要忍受流离之苦,我等有了立足之地,才可将父母妻儿好生安置啊。"一番交谈后,刘备已经将关羽琢磨得非常透彻。

很多时候,一杯酒不仅能消除尴尬,还能坚定人的信心和决心。关羽举杯相迎,仰头饮尽。此时他心里能感受到刘备的真诚。三人喝了几坛酒,都只是微醉而已,不约而同地想到桃园里走走。出去被凉风吹了一会儿,大家都有一种飘忽的感觉。俗话说道不同不相为谋,有了共同的志向,三人顿感惺惺相惜。

刘备是第一个对关羽真心尊重和关怀的士人贵族,恰好满足了关羽渴望得到关注和尊重的心理需求。关羽傲上而不辱下,欺强而不凌弱,恩怨分明,谁对他有恩,他必然牢记在心。刘备是在他最落魄之时,给予他温暖和希望的人。刘备的诚心他感受到了，自此之后愿生死相随。

经过一番倾诉与畅谈，三人心意相通，意气相投，而且拥有共同的目标，立誓要匡扶社稷，救百姓于水火，纵死不悔。

来到桃园，刘备见到那一树树盛开的桃花，高兴地说："古有廉蔺刎颈之交，我愿与二位结为生死兄弟，此生不相负。"

张飞立即赞成刘备的提议。

关羽却说："结拜为兄弟恐有不妥。刘公子为王室宗亲，又是树起义旗的募主，我关云长甘愿认刘公子为主。"

刘备说："我等既能相遇，浊酒一杯诉衷肠，本就是天赐机缘。我们三人年岁相仿，更要紧的是我们心意相通，惺惺相惜，情义胜过亲兄弟，何必在意那些虚名？"

"既然玄德兄执意如此，那我就拜玄德兄为大哥，云长兄为二哥，赴汤蹈火，在所不辞。"张飞爽快地说。

但关羽还是摇头，坚持要认主。他阐述理由说："刘公子欲树义旗、立大业，怎么也得有个响亮的名头，若与我等以兄弟相称，虽显亲近，却不显正统。"他希望认刘备为主，还有一个重要因素，那就是刘备是王室宗亲，尽管是很远的旁支，但仍可以打着"兴复汉室"的旗号壮大势力，比一些草莽英雄更容易将天下英雄豪杰聚于义旗之下。

刘备听从了关羽的建议，并提出一个折中的方案：人前主仆相称，人后则称兄弟。关系确立之后，他们立誓：同心协力，救困扶危；上报国家，下安黎庶。皇天后土，祖宗明灵，共鉴此心。

《三国演义》将"桃园三结义"列于卷首，开宗明义，但其中的细节描写多有失真。

开头交代背景："刘焉然其说，随即出榜招募义兵。榜文行到涿县，引出涿县中一个英雄。"实际上，刘焉从未在幽州任职，应为刘虞。而介绍关羽的出场也令人起疑：张飞和刘备"正饮间，见一大汉，推着一辆车子，到店门首歇了，入店坐下，便唤酒保：'快斟酒来吃，我待赶入城去投军！'玄德看其人：身长九尺，髯长二尺，面如重枣，唇若涂脂，丹凤眼，卧蚕眉，相貌堂堂，威风凛凛。玄德就邀他同坐，叩其姓名。其人曰：'吾姓关，名羽，字长生，后改云长，河东解良人也。因本处势豪倚势凌人，被吾杀了，逃难江湖，五六年矣。今闻此处招军破贼，特来应募。'"

观人先观相，关羽出场就是一副忠义神武之相，让人先生三分好感。刘备邀他同坐，也在情理之中。但接下来"叩其姓名"，关羽自报家门，竟把自己介绍得这么详细。现实中，二人萍水相逢，人家只问姓名，如实作答就算客气了，何况关羽是个逃犯，隐姓埋名都来不及，又怎会如此多言？

作者如此写，显然是为他们结义做铺垫。李贽曾对此眉批道："能杀倚势欺人之豪霸便是圣人，便是佛，所以今日华夷并仰，老幼俱亲也。"文学作品中的形象往往经不起逻辑推敲。关羽的自我介绍以侠肝义胆、见义勇为为主调，引发意气相投的桃园结义，以桃园三结义引出刘、关、张三人携手同心，积极进取，建立蜀汉政权，建成三分天下有其一的宏伟事业。毫无血缘关系的三人以"义"相交，组建团队，最终青史留名。

至于三兄弟的排序，刘备为大哥，关羽为二弟，张飞为三弟，若放在历史中也经不起推敲。若按年龄排序，关羽当为老大；若按家产地位来排，则张飞应为老大。之所以让刘备当大哥，可能因为他是王室后裔。作者有意为之，也是为匡扶汉室的目标做铺垫。三人的结义并不同于平常人，而是以"同心协力，救贫扶危，上报国家，下安黎庶"的共同目标为基础，使"义"上升到更高层次。

三人究竟有没有在桃园结义，正史《三国志》和《资治通鉴》都是没有记载的，所以大概是没有的。但是三人意气相投、情义深厚是千真万确的。史载："先主于乡里合徒众，而羽与张飞为之御侮（保镖角色）。先主为平原相，以羽、飞为别部司马，分统部曲。先主与二人寝则同床，恩若兄弟。而稠人广坐，侍立终日，随先主周旋，不避艰险。"连他们自己都没有想到的是，他们的相遇意义非同寻常。因为他们的相遇，中国的历史进程受到深刻影响。

更令他们想不到的是，在历史的发展中，他们的相遇会演绎成结义的经典——"桃园结义"，被认为是"三义"（即仁义、忠义、情义）结合的典范。以兄弟结义的形式形成集团的核心，一起向着目标前进。古今千年，英雄众多，之所以桃园结义为世代所称颂，就在于"义"。三人虽无血缘关系，却恩若亲兄弟，这是后世之人所崇敬、羡慕、追求的真正内核，所以"桃园结义"的故事流传到了现在。

第三节 乡勇练兵

刘、关、张结义后,继续扩招兵勇。但是,凭他们的实力,还不足以建立起一支强大的义军。没有谋士、武将,钱粮、兵器、铠甲也十分有限,但乡勇也是兵,这一支虽"简陋"却立功心切的队伍,在非常艰苦的条件下,依然进行了刻苦的训练。

夏末的一个早晨,数十个青壮年男子集中于村中的打谷场,关羽走进练武场,看见张飞拿着一柄大戟在挥舞,好似一戟就要把空气划破。这柄长戟非力士是拿不起的,而中等身材的张飞凭着几分天生蛮力,竟可以舞得虎虎生威。

刘备也在一旁观看乡勇操练,心里却想着进一步扩充实力的事儿。他正思虑间,一个乡勇来报,有两个客人引一伙兄弟,赶一群马,投到庄上来了。刘备急忙叫上关羽和张飞一起到庄口迎接。

关羽一看,这两个客人正是他途中得遇的张世平和苏双。他本想上前施礼打招呼,但转而一想,二人既是冲着主公刘备来的,他不好逾越,于是静立一旁。

显然,刘备与此二人熟识,一见面便拱手道:"是二位兄长啊,此次生意必然做得十分顺利,才别了小半载便归来了。"

"贤弟有所不知,这趟生意未成,我俩转道来此是特地来看望贤弟的。自从别了贤弟行至邻县,看到榜文说有太平道贼人四处作乱，为兄与苏兄合计了一下，今年这趟生意就罢了吧！"张世平一脸惋惜地说。

他们与刘备认识已有三个年头，每年北上贩马都会到楼桑村刘备处小聚一番。只要他们来了，刘备便赊猪借羊款待他们一番，似乎已形成了定例。今日他们寻到桃庄来了，想必是有什么事情要谈。于是，刘备请他们到庄子里张飞的酒肆去，好酒好菜招待。

酒席上，刘备殷切询问："两位兄长是不是生意上遇到什么难处了？"

苏双说："行脚商的生意本是异地赚差价，风险很大，如今世道不太平，一方面要被官府盘剥，另一方面又常遇盗匪劫掠，能保住老本就不错了。"

见刘备听得很认真，张世平也说："前年朝廷首次设立骥厩丞，负责接收和饲养从各郡、国征发来的马匹，各地豪强乘机垄断马匹交易，马价涨到一匹二百万钱（约合白银二千两），像我们这样的民间行脚商已很难靠贩马赚到钱了。而且，最近太平道徒众越闹越凶，他们痛恨腐败官府、豪门富户，对我等商人也是能骗就骗，能抢就抢，如此一来，生意有损失不说，还可能性命不保啊。"

刘备也随着二人叹气，不住点头道："小弟对太平道也早有耳闻，张角、张梁、张宝兄弟三人广聚教徒，张角甚至被百姓奉为活神仙。其徒众大多是流民。这些流民积少成多，达到一定数量，就会形成能够与官府对抗的力量。一旦时机成熟，就会发生暴动。加上如今洪涝、大旱、蝗灾接连爆发，波及范围甚广，流民越来越多，民变也必然成为国之大患。"

"是啊，贤弟，我等生意人在外首先图平安，其次才图利润。既有贼人作乱，就打道回府以图平安，恐日后与贤弟相聚甚难啊！"苏双无奈地说。

"二位兄长请看，这是我在村中刚组织起来的义军！希望能把他们训练成保境安民的军队，只是眼下仍显寒酸。"刘备指着远处打谷场的人群说。

二人顺着刘备所指的方向望去，那些乡勇正在有模有样地训练，虽然规模不大，但仍能看出刘备是下了一番功夫的。二人称赞："玄德，看样子，我们以后也可以靠你的义军保驾护航了。"张世平又说："我与义兄已经商议好了，此次前来，就是准备赠送贤弟一些钱财，以助你一臂之力。日后你若能成事，记得有我兄弟二人一功便可！"

所谓吉人自有天助，一直愁眉不展的刘备喜出望外，激动不已。他待人接物的准则是：宽宏大度，内心永远不存疑忌，坦然接受他人的慷慨捐赠，也自然地给予别人回报。他毫不迟疑地接受了这两位商人的义献，连忙叫关羽和张飞给二位敬酒。然后对众人说："今日我们不醉不归，如何？"

众人齐齐响应。苏双举杯说："关侠士与我二人之前已在机缘巧合之下相识，他忠义勇武，天下无双。贤弟有关、张二位侠士相助，必能马到成功！"

张世平和苏双非常慷慨，给刘备捐赠了五十匹好马、五百两金银、一千斤专供打造兵器的镔铁。这些成为刘备创立大业的物质基础。

送走两位贵客后，关羽询问张飞："贤弟对这太平道可有了解？愚兄一个山野村夫，又一路逃亡，知之甚少，还请贤弟指教一二。"

张飞笑答："太平道乃张角创建，遣弟子奔走四方，以善道教化天下。其余之事，小弟不知。然仅仅涿县，太平道信徒就不下三千，听说太平道为了方便管理，还设置了渠帅，恐怕图谋甚大。"

张飞一直生活在涿县，对于太平道的事情多少有些了解。不过，他也只是略微有些忧虑。

太平道兴起已将近十年，声势越来越大，信奉太平道者越来越多。关羽流亡期间听到过不少传言，说好说歹的都有。不过他觉得，这些以流民为主体的太平道信徒，终究翻不起多大风浪。他的内心十分矛盾，站在汉王朝的角度，这些人妄图动摇国家根基，属于大逆不道；站在那些穷苦人的角度，他们丢失田地，无家可归，无地可耕，瘟疫流行却无力请医问药，若再不反抗，只能等死，放下锄头，拿起长矛，或许是活下去的唯一出路。

刘备听了二人的对话，叹道："唉！真是多事之秋，朝廷一连数十年对西羌用兵，这几年又逢全国大旱，朝堂宦官弄权，禁锢党人，民怨沸腾，离天下大乱不远矣。"他告诫两位兄弟，

"太平道信徒暴动已成必然之势,我们当加紧练兵,尽快武装起来,做好共赴国难的准备。"

接下来,他们用二位商人所赠之钱物,精心设计打造武器装备。历数各代英雄豪杰,都有自己特有的武器,这些武器往往成为他们独具风格的特殊标志。

关羽定制的是长柄大刀,重八十三斤(今约合36.6斤)。传说在打造这柄刀时,天空有青龙飞过,刀从炉中升起,斩杀龙头,以龙血淬火,因此取名为"青龙偃月刀",又名"冷艳锯"。当然,这只是演绎。《武经总要·器图》中有"掩月刀"的形状绘图,与关羽的青龙偃月刀近似,但刀身上没有青龙纹饰,也没有那么精湛的工艺。真相可能是关羽的武器就是这种"掩月刀",只是演绎中加上了"青龙"二字以彰显其霸气。人们之所以把"青龙偃月刀"与关羽密切联系起来,主要原因有以下几个:一是由于《三国演义》的描绘和渲染;二是受戏剧中关公持偃月刀的影响;三是关帝庙中周仓执刀的形象。此类文学、戏剧乃至宗教中的形象,都属于艺术加工范畴。

对于关羽真实使用的兵器,史书上没有明确记载。

《三国志·蜀书·关羽传》载:"曹公使张辽及关羽为先锋击之。羽望见良麾盖,策马刺良于万众之中,斩其首还。"陈寿笔下的一"刺"一"斩",让后人对关羽的兵器产生了诸多的疑问。根据"刺"和"斩"这两个动作,结合当时兵器的功用可以做出假设:第一,关羽使用的是一种兵器,但具有以上两种功能，我们称其为"一兵器说"；第二，关羽使用的是两种兵器，一种能刺，另一种能斩，即"二兵器说"。同时具备"刺"和"斩"功能的兵器似乎只有剑，但是在三国时期，武将马上对阵很少用短兵器，所以可能性更大的是"二兵器说"。以史实判断，马上"刺"敌的常见兵器应为长矛和长戟，"斩其首还"的兵器应当是环首刀，这样比较合理。作为一员虎将，使用兵器不能说样样精通，至少能长短兵器互补，不仅能远战，亦能近搏。青龙偃月刀的刀尖非直线形，不具备前刺的功能，关羽不可能用它来"刺"颜良。

张飞的武器为丈八蛇矛（又名丈八点钢矛），矛杆长一丈有余（汉1尺约合今23厘米），矛尖长八寸，似蛇口张开，刃开双锋，整体为游蛇形状。通常来说，武器是一寸长一寸强，但这种长柄矛灵活性要差很多。

刘备的武器称为雌雄双股剑，又名鸳鸯剑。雌剑剑锋三尺三寸，雄剑剑锋三尺七寸（《三国演义》中的名称和尺寸）。这种剑较少见，手戟倒是很常用。手戟作为短兵器，随身佩戴，多为防身之用。而刘备的双股剑应该算是长剑。

兵器打造好后，张飞便邀关羽到稻场去比试一番。二人使用各自的兵器对打，对战百来回合，浑身衣袍都被汗水浸透了，仍不分胜负。

就在刘备紧锣密鼓练兵备战的时候，一场规模空前的大战即将来临。

第四节　初战黄巾军

光和七年（184年）的一天，天上乌云密布，大将军何进在自家院子抬头向天望去，发现整个天空都变成了黄色。这时，一名叫唐周的太平道门徒来告密，说有人要造反，京师的马元义是内应。何进奏报灵帝，将马元义车裂，并密派官兵大力逮杀太平道信徒，株连千余人，又下令冀州刺史追捕魁首张角。

《三国演义》中将张角描述成一个能呼风唤雨、撒豆成兵的神人，但是在真实的历史中，张角收服人心的方法是给穷苦的百姓们治病，所以张角只是个略通医术的术士。因为得到《太平清领书》（又称《太平经》），张角利用书中部分内容创立"太平道"，以阴阳五行、符箓咒语为根本教法，信仰"中黄太一"之道，并广收信徒以传道。张角自称"大贤良师"，以善道教化、符水治病为噱头，在贫苦百姓间传播教义。十数年间，信徒达数十万人，遍布豫、冀、徐、青、幽、荆、扬、兖八州。

张角听闻官府动向，决定抢占先机，星夜通知数州各方（信徒组织的单位），提前一个月发动武装起义，并喊出了"苍天已死，黄天当立，岁在甲子，天下太平"的口号。张角自命为"天公将军"，其弟张宝称"地公将军"，张梁称"人公将军"。起义军以头系黄巾为标志，称"黄巾军"。起义初，黄巾军势如破竹，州郡失守，吏士逃亡，震动京都。

汉灵帝听说黄巾军来势汹汹，慌忙诏令将京兵屯于都亭（在今河南洛阳市内），以镇京师；置函谷、太谷、广成、伊阙、辗辕、旋门、孟津、小平津八关都尉；大赦党人；地方州郡自为守备，保境御敌。同时组建平讨逆贼大军，遣北中郎将卢植、左中郎将皇甫嵩、右中郎将朱儁从南北两路分击黄巾军主力。

尚在涿州的刘备认为这是建功立业的好机会，便通过自己的同窗、骑都尉公孙瓒向幽州刺史刘虞请战。此时韩遂等人在西凉地区也掀起了叛乱，朝廷从幽州地区征募三千精骑，任命公孙瓒为统帅，率部进军西凉平叛。于是公孙瓒便把刘备引荐给了朋友邹靖。邹靖是幽州刺史刘虞麾下校尉，刘备、关羽、张飞三人和谋士简雍，带领五百乡勇加入了邹靖的队伍，跟随北路主帅卢植平叛，正式登上历史舞台。

《三国演义》中写道，刘备所率乡勇与进犯涿州的黄巾军先锋在大兴山下狭路相遇，关羽斩杀了黄巾军先锋官程志远，张飞首战则斩杀了邓茂，此二人皆为虚构。此时刘备的乡勇虽投在邹校尉麾下，但还算不上正式的官军，因此与黄巾军先锋作战，乡勇的战斗次序必然不是首位的。事实上，北中郎将卢植的北路军初战非常顺利，连续大败张角，斩杀和俘虏黄巾军一万余人，张角很快就退到冀州广宗县城去了。卢植率军紧追而至，将广宗城包围起来，张角则修筑长墙，挖掘壕沟固守，双方僵持不下。在这个过程中，并没有出现刘、关、张的身影。

与北路军相反，皇甫嵩和朱儁在豫州颍川攻打黄巾军另一支主力时，却遇到了很大麻烦。朱儁首战不利，皇甫嵩也被黄巾军将领波才包围。张梁、张宝数十万大军（真正的主力）皆在河南（黄河之南），因为颍川距离洛阳较近，直接威胁到京师安危，朝廷急令骑都尉曹操领兵增援。卢植告诉邹靖："我已将贼军北方主力紧紧拖住，使其不能西移，你可带一千官军，前去颍川取得联络，约期会剿，发起总攻，举行决战。"

于是，邹靖带着他的人马，包括刘备三兄弟急赴颍川。名义上是增援，实际上有抢功之嫌。大家都想在这个时刻建立功业，让自己的旗帜成为时代的标志，比如孙坚、袁绍、曹操……

曹操距离颍川较近，比邹靖早到数日。这时候，皇甫嵩被围困在长社县城，张梁、张宝正与朱儁激战于鄢陵。皇甫嵩兵少，军中将士都感到恐慌。忽然一支军马高举红旗，切断了叛军逃跑的去路。为首的青年将领，正是骑都尉曹操。他引马步军五千，前来颍川助战。两军相遇，曹操拦住败逃的张梁、张宝的人马，奋勇冲杀，斩首万余级，缴获极多。张梁、张宝趁乱逃脱，曹操继续引兵尾随追袭。

至长社，皇甫嵩、曹操与朱儁合兵一处。黄巾军的营寨所设之处荒草遍野，适逢狂风大作，皇甫嵩分析认为，黄巾军因为多属流寇所集，未受正规训练，根本不懂结阵扎营的常识，随意地依草结营，犯了兵家大忌，是非常低级的失误。于是，他与朱儁抓住良机，乘夜纵火，风助火势，火助军威。与此同时，围城一路人与之呼应，在皇甫嵩率领下，从城外四周擂鼓呐喊涌出，直捣敌阵。双方混战到第二天早晨，张梁、张宝引剩余军士夺路而逃。官军再次大败黄巾军，斩杀数万人。

再说，邹靖率部到达颍川的时候，长社、鄢陵的战斗已经结束了，刘、关、张三人没能参加战斗，但目睹了战后的凄惨景象。从鄢陵前往长社的路上，到处都可以看到汉军和黄巾军的溃兵、逃兵。战火仍在城中蔓延。很多人在扑灭城中的火源，还有士兵们在组织救援，将压在废墟下的兄弟救出来……黄巾军败散远遁。

邹靖在战场上与皇甫嵩、朱儁相见，转述卢植的战略意图。皇甫嵩说："张梁、张宝主力大损，必定去广宗与张角会合。你们应当星夜返回广宗。"

皇甫嵩、朱儁大败长社、鄢陵的黄巾军后，乘势南下汝南，与黄巾军将领波才交战。曹操、邹靖则各自率部北回。

邹靖等人没有想到，在他们南援期间，卢植在广宗那边却出了事。原来，卢植围困广宗持久不下，便开始暂缓进攻，转而制造攻城用的云梯，认为破城只是时间问题。恰在此时，汉灵帝派小黄门左丰到卢植军中视察。左丰是个地道的小人，有人劝卢植贿赂左丰，以换取他在皇帝面前美言几句，卢植却不屑一顾："军粮尚缺，哪有余钱奉承他？"左丰受到了冷落，回到洛阳后对汉灵帝说："据说守广宗的贼寇并不强悍，夺下广宗如探囊取物，然而卢植只是让军队躲在营垒里休息，等待上天诛杀张角。"汉灵帝大怒，派人用囚车将卢植押解回洛阳，改派东中郎将董卓代替卢植为北路军统帅继续攻城。

邹靖因北路平叛大军的主将更替，不愿再去广宗，于是直接回了幽州。

数日后，刘备带领自己的五百乡勇返回广宗，行至城外，忽然听到山后喊声大震。三人纵马上高冈远望，只见远处官军败退，后面黄巾军追击而来，旗上赫然写着"天公将军"。刘备说："来者正是张角，看来我们有机会立功了。号令所有人，立即投入战斗！"三人随即率军冲击。张角正追杀董卓，忽遇三人领数百乡勇一路冲杀过来，为首几人所向无敌，为了自保，张角连忙命令部队后撤五十余里，放弃追击董卓。

刘备兄弟三人救了董卓回营。董卓道谢后，询问三人职务，刘备说："涿州乡勇。"董卓闻听，立即换上一副十分轻视的面孔，态度倨傲，再无一点尊重。他认为在与叛乱之军的这次战斗中，这三兄弟只是侥幸取胜，而被这些身份地位极低的人救下，让他感到耻辱。他故意抹去兄弟三人的功绩，不予理睬，所以刘、关、张并未得到相应的奖励。

刘备不禁再次感叹报国无路。

关羽劝刘备说："这一战我等功不可没，又折损了这么多兄弟，才将这董卓救下，不论功倒罢了，反而被如此侮辱，我思虑这枳棘丛中，非栖鸾凤之所。兄长不如率我等归乡，另图远大之计。"

但是刘备不同意："当今反贼作乱，天下英雄四起，皆欲以剿灭反贼取得功名，壮大势力，这是千载难逢之机，不可因一时之气舍近求远啊。"直到这个时候，董卓还是救世英雄的形象，刘备对他仍有几分敬意。

关羽认为刘备说得在理，他也听胡夫子讲过董卓的一些事迹。董卓年轻时力大无比，会些武艺，他佩戴两副箭囊，骑马飞驰时能左右开弓，箭法超群。他那时喜好行侠仗义，与很多羌人首领交好。后来董卓担任了陇西郡的官吏，负责地方治安。由于匈奴人经常骚扰边境，劫掠百姓，凉州刺史征辟董卓为从事，董卓领兵大破匈奴，斩获千计。之后，并州刺史段颎将董卓招入幕中，推荐入朝廷公府。后董卓出任司马，前往平定幽、并、凉三州叛乱，因功拜郎中，得赏赐九千匹缣，他全部分给下属官吏和士兵。因此，关羽认为董卓还算讲义气，此次可能只是误会，应当留下来继续战斗。最终三人都留了下来。皇天不负有心人，他们很快又有了一次参战的机会。

　　董卓对广宗城内的敌情一无所知，不知道张角做了什么部署，但是他知道，仅仅凭借他身后的这些军队，完全无法抵挡黄巾大军，所以他在城外设下伏兵，试图以少量军队引诱张角出战。张角虽然是个道人，但是他同样有战争的智慧，他已经将董卓这边的情况探查得清清楚楚，坚守不出。

　　董卓见张角不上当，便下令摆开强攻架势。刘、关、张看到了立功的希望，斗志昂扬。一听到进攻的号令，三人便飞快冲了出去，很快杀到城下。城内的黄巾士卒如同潮水一般倾城而出，呐喊着向他们杀来。黄巾军人多势众，将他们团团围住。双方展开了混战，刘、关、张三人浴血奋战，各自有所斩获。直到天快黑时，董卓也没派援兵。但官军力竭败退时，张角并不追击，董卓的诱敌之计仍未能得逞。关羽、张飞杀出重围后，发现大哥没有回来，二人焦急万分，又转身杀了回去，到了城下，依然没见刘备身影，于是下马在横七竖八的尸体中寻找，这才发现负了伤的刘备，将他放在马背上带了回来。第二天，关羽、张飞护送刘备回了涿州。

董卓继续围困广宗数日，还是无法破城，便放弃了。

与此同时，皇甫嵩、朱儁在汝南、陈国、阳翟追击黄巾将领波才，以及在西华攻打黄巾军另一将领彭脱，都取得了胜利。黄巾军的剩余部众或投降，或逃散，三郡的叛乱被全部平定。皇甫嵩上书报告作战情况，将功劳归于朱儁。

汉灵帝下令让皇甫嵩全权负责北部战事。皇甫嵩于是转战北方，途中一个好消息传到了他的耳中：张角和褚飞燕联合进攻瘿陶时，张角被流箭射中，已经丧命！临死之前，他命令部下尊奉褚飞燕为统帅，同时让褚飞燕改姓张。褚飞燕原名褚燕，又骁勇善战，故军中都称他为"飞燕"。

皇甫嵩一到广宗，便刻不容缓地下令攻城，可广宗已经被张角的弟弟张梁接管，其帐下将士战力彪悍。皇甫嵩攻城受阻，下令闭营休整。看到皇甫嵩撤军休整，未有进攻的打算，广宗城的黄巾军也放松了警惕。第二天夜晚，皇甫嵩下令全部出击，扑向广宗城。

皇甫嵩大军于黎明时分进抵城下，城中黄巾军还在酣睡，听到城下的嘶吼声，仓皇迎战。张梁亲自出城迎击，双方从黎明交战至下午，黄巾军终于落败，主帅张梁也战死城下。已经身死的黄巾军首领张角被剖棺戮尸，首级被送往京师。

巨鹿郡的黄巾军被平定后，皇甫嵩和巨鹿太守郭典继续引兵北上，在曲阳与张宝展开大战，一举斩杀十余万黄巾军，在曲阳城南堆起一座"京观"。

刘备本负伤不重，休养数日便痊愈了。远离了战场的喧嚣，见不到鲜血飞溅的场面，也听不见人们临死前的哀号，兄弟几人平静下来，回想这些日的腥风血雨。

不几日，朝廷使者持诏书来到，诏封刘备为定州中山府安喜县尉，择日上任。

县尉是县令的佐官，职位低微，主要负责捕盗、维护治安、征发卒役的琐事。刘备接诏后，心里却并不高兴，自己与关、张兄弟率数百乡勇转战数千里，没有功劳也有苦劳，朝廷虽承认他平缴逆贼有功，却只给了他一个朝廷命官中最低的官职，这个县尉用几百两纹银便可买到。张飞也愤愤不平，想要去讨个说法。

关羽则劝慰二人说："张角虽死，可他的余党张燕、眭固、何曼、于毒等还在，黄巾军残部的数量不容小觑，我等且待时机，日后定可再破敌立功！"

刘备无奈，只得带着关羽、张飞、简雍等人到安喜县赴任。刘备决心在这个微不足道的位置上做出一番事业，可是天不遂人愿，未久，朝廷便下令：因军功而成为官吏的人，都要重新筛选，裁撤一批趁黄巾之乱以军功混入官府的官员。刘备得知消息后，马上前往驿站，拜见本郡派来的督邮，希望能保住自己的官职，但督邮却称疾不肯接见刘备。

关羽说："以关某对这帮黑心官吏的了解，这督邮作威，无非是想要贿赂而已。"

刘备愤愤道:"我与民秋毫无犯,哪有钱财贿赂他?再者,这县尉一职是凭我等一刀一枪搏来的,还害怕他查不成?"说完便带着关羽、张飞离去。

督邮索贿不成,心中愤恨,便将刘备定为浑水摸鱼而得到官职的无赖。刘备不仅自己的前途不妙,还连累两位兄弟没了立足之地。他越想越感到羞愤难当,冲进驿站将督邮捆绑起来,鞭打两百下后,将绶印挂在督邮脖子上,弃官带着关羽、张飞等人向东逃亡。《三国演义》中,将鞭打督邮的事情安排到了张飞身上,虽然这很符合人物的特点,但这件事在《三国志》中有明确记载,确实是刘备做的:"先主求谒,不通,直入缚督邮,杖二百,解绶系其颈着马柳,五葬反,弃官亡命。"

在逃亡途中,他们遇到大将军何进麾下都尉毌丘毅在丹杨招兵,于是三人应募加入了官军,并马上与毌丘毅一起前往下邳征讨黄巾军。

这次,三人再次立功,刘备被封为高唐尉,旋即迁为高唐令。关羽、张飞都认为兄长会在这个职位上稳定几年,都为他感到高兴。刘备到任四个多月,出台了一系列减税安民的政策,深受当地百姓的爱戴。而且他在公堂上秉公断案,老百姓一时有了主心骨,纷纷到衙门口击鼓喊冤。刘备感慨这世间太乱,仗势欺人的事实在太多,但他不厌其烦,在关羽、张飞的帮助下,将这些诉讼一件件处理得有条不紊。他还严打囤积居奇的投机者,平抑物价,视平民百姓如友,鼓励他们发展生产,小有政绩。

然而好景不长,青州的黄巾军很快打到了高唐县。刘备一个小小的县令，手下没有多少兵马，哪里抵挡得住上万黄巾军的进攻，高唐县很快被黄巾军占领，刘、关、张三人再度流亡。

刘备对关、张二人说："两位兄弟随我四处征战，辗转数载，如今依然上无片瓦、下无寸土，我实在是既伤心，又羞愧啊。"他说着不禁流下几滴眼泪来。

关羽眼中闪耀着坚毅的光芒，说道："大丈夫当以忠义立世，我三人既结为金兰，自当有难同当，无所畏惧。云长对主公终身不弃，莫说这颠沛之苦，死又何惧！"

第三章 转战中原

第一节 诸侯混战

中平五年（188年），汉灵帝刘宏改刺史为州牧，意为替天子牧民，首批任命的州牧有三人，分别是刘焉（益州牧）、刘虞（幽州牧）和黄琬（豫州牧）。另组建西园新军（皇帝直属部队），汉灵帝精心挑选了八个他最宠信的年轻新贵担任校尉（八校尉）。其中，虎贲中郎将袁绍被任命为中军校尉，议郎曹操为典军校尉。但军中大权掌握在宦官、上军校尉（八校尉之首）蹇硕手中，连大将军何进也要听从他的调度指挥。

中平六年（189年），汉灵帝驾崩，年仅十三岁的刘辩继位，是为汉少帝。何皇后以皇太后身份临朝称制，太傅袁隗与大将军何进辅政，同录尚书事。以张让、赵忠为首的宦官集团"十常侍"（其实当时的十常侍有十二人）此时已经非常活跃。

他们自灵帝以来横征暴敛，卖官鬻爵，阻塞贤路，其父兄子弟遍布天下，横行乡里，祸害百姓，无官敢管。此时东汉的权力机构被外戚、宦官等势力蚕食，整个朝廷腐败不堪，鸡犬不宁，十分混乱，这也是动乱形成的温床。

未久，袁绍向何进劝言："宦官执掌大权已久，坏事做尽，将军应该辨奸佞，择贤良，整顿国家，为天下除害。"何进接受建议，任命袁绍为司隶校尉、何颙为北军中侯、荀攸为黄门侍郎、郑泰为尚书，以进一步削弱宦官势力。

何进的一系列行动让大宦官蹇硕非常不安，谋划诛杀何进，但被人告发，何进下令捕杀蹇硕，并与袁绍密谋诛杀十常侍。何进奏报何太后，却被何太后坚决拒绝。

袁绍见此，心里十分焦灼，再一次献策说："可以调集四方猛将豪杰，领兵开往京城，对太后进行兵谏。"于是，何进下令召并州牧董卓带领军队到京，又派部下王匡、骑都尉鲍信回家乡募兵。同时，骑都尉丁原带兵到洛阳，参与诛杀宦官的计划，并被任命为执金吾。其手下主簿吕布、从事张辽、武猛从事张杨也一并来到洛阳，计划在朝野同时展开捕杀宦官及其家属的行动。

宦官们见走投无路，决定铤而走险。他们借口离京前想最后侍奉一次太后，又进了宫。在张让的指挥下，常侍段珪等率领党羽数十人，等候何进入宫后，将何进斩杀于嘉德殿前。袁绍、曹操大怒，率军杀入宫内，碰见宦官，不论大小，全部杀死。虎贲中郎将袁术攻打宫城，焚烧青琐门，一时间皇宫内火光冲天。张让等人遂挟持少帝刘辩和陈留王刘协从复道仓皇外逃。

此时，董卓正好领兵赶来洛阳，他抓住这个天赐良机，将少帝和陈留王刘协送回宫中，把人马驻扎在城外，然后以平逆贼的名义，带着铁甲骑兵入城，横行街市，闹得老百姓惶惶不安。董卓进京，是他由忠变奸的开始。他意欲废黜少帝刘辩，拥立陈留王刘协为帝，便召文武百官商讨。并州刺史丁原率先表示反对，与董卓发生冲突。董卓派部属去收买吕布，挑拨吕布与丁原的关系，诱使吕布将丁原杀害，改投董卓门下，尊董卓为义父。

后又有尚书卢植出来反对废立之事，董卓大怒，将卢植免职。卢植从此避居上谷，不问世事。此时刘备已经失去了高唐县令之职，本想去京师求老师卢植举荐，另谋他职，没想到卢植已经自身难保。

刘备思虑再三，听从简雍的建议，带领自己的一部人马投到了公孙瓒门下。公孙瓒除了有州郡官兵的指挥权外，还拥有三千白马义从（精锐三千尽乘白马，故称"白马义从"）。刘备被任命为别部司马。关羽、张飞二人依旧追随刘备左右。

此前一年，中山国的国相张纯和渔阳郡的张举勾结乌桓部落首领丘力居起兵造反，公孙瓒率部征讨叛贼。刘、关、张加入公孙瓒所部后，参与了平叛和外御贼寇的后期战斗。而此时远在数千里之外的京城洛阳，一场大规模的内战也毫无悬念地爆发了。

董卓把持朝政后，通过废立，挟天子以令诸侯，祸乱宫闱。《魏书》记载，为了立威，董卓专门指派司隶校尉刘器登记所谓"为子不孝，为臣不忠，为吏不清，为弟不顺"的臣民，凡是册上有名者，一律处死，财产没收。不久，整个社会便民怨沸腾，冤狱遍地。

为了排除异己，董卓还外放了一批京官到地方做州牧郡守。袁绍与董卓关系恶化后逃离洛阳，抵达冀州渤海郡。董卓为息事宁人，任袁绍为渤海太守，并封为伉乡侯。骁骑校尉曹操被征为东郡太守。董卓的残暴和种种倒行逆施，终于激起了天下人的愤怒与反抗，众多英雄豪杰开始与其展开斗争。

初平元年（190年）正月，曹操毅然作檄文通告诸郡，檄文写道："操等谨以大义布告天下：董卓欺天罔地，灭国弑君；秽乱宫禁，残害生灵；狼戾不仁，罪恶充积！今奉天子密诏，大集义兵，誓欲扫清华夏，剿戮群凶。望兴义师，共泄公愤；扶持王室，拯救黎民。檄文到日，可速奉行！"随即，十七路诸侯响应曹操号召而起，以讨逆为旗帜，发"义兵"征讨奸贼董卓。

这十七路诸侯，分为十七镇兵马，分别是：

第一镇，荆州南阳太守袁术，董卓进京后以袁术为后将军。

第二镇，冀州刺史韩馥，被董卓派为冀州牧。

第三镇，豫州刺史孔伷，为董卓任命的刺史，次年病故。

第四镇，兖州刺史刘岱，汉室宗亲。

第五镇，河内郡太守王匡。

第六镇，陈留太守张邈，由骑都尉升为陈留太守，仅派兵加入曹操的军队。

第七镇，东郡太守乔瑁，由兖州刺史迁东郡太守。

第八镇，山阳太守袁遗，袁绍从兄，由长安令迁任山阳太守。

第九镇，济北相鲍信，迁为后军校尉。

第十镇，北海太守孔融，未亲自参战。

第十一镇，广陵太守张超，张邈之弟。

第十二镇，徐州刺史陶谦，未亲自参战。

第十三镇，西凉太守马腾，曾为军司马。

第十四镇，幽州奋武将军公孙瓒，未亲自参战（刘备、关羽属此镇，其时还在"外御贼寇"）。

第十五镇，河内太守张杨，一直留在上党攻打山贼。

第十六镇，长沙太守孙坚。

第十七镇，渤海太守袁绍。

再加上曹操组织的一部兵马，共约三十万兵力。

诸侯推举"四世三公"的袁绍为盟主，并设坛盟誓说："汉室不幸，皇纲失统。贼臣董卓，乘衅纵害，祸加至尊，虐流百姓。绍等惧社稷沦丧，纠合义兵，并赴国难。凡我同盟，齐心勠力，以致臣节，必无二志。有渝此盟，俾坠其命，无克遗育。皇天后土，祖宗明灵，实皆鉴之！"

关东联军分布在酸枣、河内、颍川、南阳四个战区，将从东、南两个主攻方向进军洛阳。

董卓见关东联军来势汹汹，心生恐惧，忙挟献帝刘协迁往长安，焚烧洛阳宫殿，亲自驻守洛阳抵御联军。联军大部至酸枣后，便驻足不前。董卓首先将距离洛阳最近的王匡消灭，又派将领徐荣扼守成皋。在荥阳汴水，徐荣先与曹操、张邈相遇。张邈部将卫兹出战，不幸战死，曹操、张邈（未属曹操）初战不利，士卒死伤甚多，首战告败，史称"汴水之战"。

《三国演义》记载此地上演了关羽首战——温酒斩华雄。这个情节发生在十八路诸侯讨伐董卓期间。讨董东路大军向洛阳进发，受阻于汜水关（虎牢关）。数路诸侯派出最强大将迎战董卓部将华雄未果，袁术恐先锋孙坚立下头功，不发粮草，以致孙坚兵败汜水关，大将祖茂被华雄所斩。之后袁绍问谁人斩得了华雄，此时关羽隆重登场，"众视之，见其人身长九尺，髯长二尺，丹凤眼，卧蚕眉，面如重枣，声如巨钟，立于帐前"。然而袁绍怀疑他，袁术更是轻视他，耻笑他身份低微，说："一个小小的马弓手也敢口出狂言。"

　　这时曹操慧眼识英雄，说："此人长相非凡，旁人焉知其为马弓手？"于是递给关羽温酒一杯说："将军且饮了此杯，以壮胆气。"关羽却道："酒且斟下，待我斩了华雄再饮不迟！"何等自信，何等英雄气概！"众诸侯听得关外鼓声大振，喊声大举，如天摧地塌，岳撼山崩，众皆失惊。正欲探听，鸾铃响处，马到中军，云长提华雄之头，掷于地上，其酒尚温。"关羽一战成名，威名远播。

　　作者巧妙运用侧面描写，铺垫烘托，把关羽的高度自信和高超武艺表现得十分传神，让关羽扬"勇"于诸侯中，也为后来曹操极力招揽关羽埋下了伏笔。

　　接下来《三国演义》又上演了"三英战吕布"的情节，这也是描写刘、关、张三兄弟勇武的一个精彩的故事情节。其时，号称天下第一勇士的吕布为董卓部将，董卓听说华雄被杀，派吕布迎战。张飞冲杀上去，连战五十回合。后来关羽、刘备也上阵，三人把吕布围在当中，走马灯般轮流厮杀，吕布毕竟难敌三人，渐渐觉得难以招架，拍马冲出包围圈逃了。

此情节为正面描写战斗场景，不在胜负，既展示吕布无敌于天下，又反衬出关羽武艺超群，勇不可当，是罕有的英豪，也让原本籍籍无名的刘、关、张兄弟在诸侯中高调亮相。

事实上，此时的刘、关、张三兄弟在幽州奋武将军公孙瓒麾下效力，而公孙瓒未派一兵一卒参加讨伐董卓的战争，所以斩华雄、战吕布的主角不是刘、关、张三人，真正的主角是在洛阳以南太谷、阳人一线作战的长沙太守孙坚，是他取得斩华雄、败吕布的惊人战绩，沉重打击了董卓的势力。

整个讨董之战，连董卓的人影都没见到。从初平元年到初平二年（即190年到191年），关东联军屡战屡败，斩华雄是个特例。整个关东联军可谓"散是满天星，聚是一盘沙"，诸侯们前期各怀鬼胎，中期无所作为，后期自相残杀，偏偏就是没有誓词所言的"齐心勠力，以致臣节，必无二志"，讨伐董卓的义战，雷声大雨点小，就此草草收场。而诸侯混战的大剧则一幕幕地展开了。

在朝廷中，具有"佐王之才"的司徒王允一直隐忍不发，他表面顺从，暗中积极组织和筹备反董卓的斗争，他拉拢吕布杀董卓；随后，董卓的嫡系势力凉州军李傕、郭汜反攻长安，又杀了居功自傲的王允、黄琬。

在地方，诸侯们开始互相攻伐。孙坚将攻进洛阳之时，没有一支关东联军人马响应、支援；袁术表孙坚为豫州刺史，袁绍却派周昂等人拼命争抢；为了"借粮"，兖州刺史刘岱向东郡太守乔瑁发动战争；荆州刺史刘表本置身事外，不出一兵一卒帮助联军，却为了得到一方传说中的传国玉玺，而不惜与袁术、孙坚打得头破血流，无来由地结下仇怨。攻伐董卓，盟主袁绍未出一策；他坐拥河内诸郡，还是贪心不足，为争抢冀州富饶之地，他脑子突然灵光闪现，奇谋妙计迭出……

洪流滚滚，泥沙俱下。在这个动荡时期，有实力的人都不甘平庸，都想有所作为。曹操借扫除黄巾余党的诏令，招降纳叛。首领张燕归降后，曹操将他的军队收编，建立了私人武装，号为"青州兵"，实力大增，成为新崛起的军事力量，跻身诸侯行列。名士如程昱、郭嘉、刘晔、满宠、毛玠、荀彧等，皆被曹操重用；武将则有于禁、典韦、夏侯惇、曹仁、曹洪，为之效力。

第二节　义赴急难

初平二年（191年），青州、徐州地区的黄巾军以三十万的兵力入侵冀州的渤海郡，恰巧公孙瓒南下，但以他的兵力，实在难以应对三十万黄巾军。而且此刻他正在和袁绍对峙，如果他和黄巾军拼得两败俱伤，恐怕会让袁绍得渔翁之利。无奈之下，他只得召集众将，说道："如今三十万黄巾军往渤海而来，吾欲攻之，又恐袁绍趁机而动，奈何？"

"恭喜主公，黄巾军此番北来，正好可以成就主公的不世之功。"公孙瓒部下田楷听了公孙瓒的话,不惊反喜地说道。

田楷接着解释道:"主公陈兵渤海,正好可借此威逼袁绍让出一半的冀州来,为了达到这个目的,既不能把袁绍逼得太紧,又要让他知道主公的兵威,不得不让出一半冀州。这黄巾军往北而来,正好可以给主公展现兵威的机会,只要我们能以少胜多,袁绍必然惊惧,而他那驻扎在界桥的人马也就不敢轻举妄动了。"

公孙瓒觉得他说得有理,但一时还是难以决策。

刘备看了田楷一眼,说道:"青州黄巾军曾攻打乐陵县城,想要夺取给养,却出师不利,此刻已经是疲惫之众,粮草想必也不多了;黄巾军内部有眭固、于毒两股势力,临难之际必然不能精诚团结,再加上白马义从乃天下精锐,于此渤海平坦之地,正好纵横冲杀。有此三者,必破黄巾逆贼。"

公孙瓒一听,非常高兴,和众将商议后,定在东光南部截击青州黄巾军。那天,三十万黄巾军到达东光县南边三十里处,只听得一阵鼓响,杀出三路伏兵,正面是公孙瓒亲自率领的三千白马义从,刘备、关羽、张飞三人也各自领了一千人马,身处其中;左右两边分别是大统领严纲和单经率领的各一万人马。

黄巾军头目眭固没有慌乱,因为他在兵力上占优势,他往左右各派出五万人防止被合围,又派于毒领五万人在后军接应,自己则亲领十余万人往公孙瓒杀去。

公孙瓒的人马以逸待劳,见黄巾军身陷埋伏却不慌乱,便向身后众将士问道:"谁来为我率队冲锋?"

他的话音未落，张飞、关羽便策马而出，直朝睢固杀去。睢固见来者不是"白马义从"的骁勇之士，便生轻敌之心，亲自带上几人，挥起一柄金刚三尖两刃刀上阵。他哪里知道这两个人更不好惹，几招就败下阵去。双方交战不到半个时辰，黄巾军就损失惨重。睢固见完全不是对手，便下令撤退。黄巾军初战失利，伤亡近三万人。

公孙瓒乘势追击，斩获颇丰。此战不但大胜，得到大量人马、物资，还让公孙瓒顺势进入青州地界，占据了平原国。战后论功，公孙瓒表田楷为平原国相，刘备为平原令，关羽、张飞为别部司马，各统部曲。按照《后汉书·百官志》的描述，别部司马的职位是"其别营领属为别部司马，其兵多少各随时宜"，也就是说关羽此时只是一名低级军官，没有正式编制。

初平二年（191年）冬，田楷迁青州刺史，领兵开往广宗作战，刘备与田楷一起对抗冀州牧袁绍。因为屡次建立功勋，公孙瓒让刘备代理平原县县令，后领平原国相。看到这个安排，张飞有几分担心地对刘备说："兄长，奋武将军（公孙瓒）把咱们闲置在这里，是不是以为我们能力不及那田楷？"

刘备解释说："贤弟多虑了，平原所处位置十分重要，将军将我等安排在此，是充分的信任。"他拿过地图，指给关羽和张飞看，"平原国介于青州与冀州之间，西南面是兖州，此处像楔子一样，虽地方不大，但可牵制三州，是军事要冲之地。"

关羽、张飞点头称是。几人正说着话，一个军士来报："有一壮士携北海相孔融的求援书信，来营中请见大人。"

刘备不知来者何人，但对北海相孔融早有耳闻。据说孔融是孔子后代，曾为虎贲中郎将，累迁北海太守，极好结交天下宾客，曾说"座上客常满，樽中酒不空"是他平生的愿望。他在北海任职六年，为人正直，传播儒术，大得民心，时称"孔北海"。

刘备听说来者是孔融部下，立刻请其入见。来人自称太史慈，他呈上书札后，急切地说："黄巾余党军众势强，北海郡守将宗宝殉职。如今孔大人被围困，孤军无援，危在旦夕！请您马上派兵救援！"

太史慈又说道："我乃一介武夫，和孔北海并非骨肉至亲，也不是同乡旧友，只是因为名声志向相似而交好，有忧患与共的情义。如今孔大人被围，危在旦夕。因您仁义之名远播，孔大人对您非常仰慕，所以才让我冒着生命危险，突破重围，将身家性命托付于您，还望大人发兵相助，解孔大人之危，在下愿做牛马以报！"

刘备急忙把太史慈扶起，又把孔融的书信仔细看了一遍，不禁感慨："原来大名鼎鼎的孔北海竟知道我刘备！"当时孔融在各方势力中的影响力颇大，而刘备籍籍无名，所以他感到有点诧异。如能将孔融救下，于自己的名声、威望都是大有好处的，刘备当即答应出兵。

关羽也毫不犹豫地说道："关某愿领一千人马，替主公分忧，解北海之围。"

刘备朗声道："一千人马不够稳妥，你领所有三千人马，务必救下孔大人！"关羽点齐人马，随太史慈前往北海救援。

黄巾军首领管亥望见救兵来到，亲自引兵迎战。他见援军人马不过几千，又像是一帮乌合之众，便不以为意，愤然直冲而出。关羽立刻拍马迎上前去。转眼间，管亥一队人马逼近，关羽挥舞长刀劈向管亥，管亥则横刀格挡，兵器交击之声响起，白光闪现。两马交臂而过，关羽一刀落空，拖刀向前跑了数步，突然勒住马头，转身杀了个回马枪。管亥回头一看，见关羽从背后杀来，他还没掉过马头，就见寒光一闪，脑袋已掉在地上。黄巾军众徒见管亥被杀，群龙无首，全无战意，逃的逃，降的降，溃败而去。

关于这件事，正史和《三国演义》再次出现了分歧。孔融派太史慈杀出重围向刘备求救是没有争议的，只是《三国演义》中设计的关羽斩管亥的情节，正史中是没有的。在《后汉书·卷七十·郑孔荀列传》中是这样记载的："（刘备）即遣兵三千救之，贼乃散走。"也就是说，刘备派出三千人马解北海之难，但是没有记载关羽杀管亥的事情。《三国志·关羽传》中也没有相关描述。

《三国演义》中的描写更为精彩："玄德与关、张、太史慈立马阵前，管亥忿怒直出。太史慈却待向前，云长早出，直取管亥。两马相交，众军大喊。量管亥怎敌得云长，数十合之间，青龙刀起，劈管亥于马下。太史慈、张飞两骑齐出，双枪并举，杀入贼阵。玄德驱兵掩杀。城上孔融望见太史慈与关、张赶杀贼众，如虎入羊群，纵横莫当，便驱兵出城。两下夹攻，大败群贼，降者无数，余党溃散。"这里将斩管亥的功劳记在了关羽头上，大概是想要体现关羽古道热肠的豪情以及勇赴急难、虽履险而不辞的义气。无论如何，此战之后，刘备再也不像以前那样籍籍无名了。

第三节　中原之战

东汉时，幽州辖境相当于今北京市、河北北部、辽宁南部等地，经常受到北方游牧民族鲜卑、乌桓、扶余、濊貊的滋扰，其州郡官员一直在与北方游牧民族周旋。公孙瓒就是在与鲜卑、乌桓等北方游牧民族的长期战斗中崛起的一大军阀，他骁勇善战，威震边疆。

公孙瓒出身于贵族，虽然"家世二千石"，但他"以母贱（母为小妾），遂为郡小吏"，因为是小妾所生，地位低贱，所以他不过是郡县里的小吏。史书记载公孙瓒"为人美姿貌，大音声，言事辩慧"，太守欣赏他的才干，将女儿下嫁给他，并安排他跟随涿郡卢植治学，他与刘备也就是在这时结下了友谊。

公孙瓒对外族的入侵态度十分强硬。《后汉书·卷七十三·刘虞公孙瓒陶谦列传（六）》记："职统戎马，连接边寇。每闻有警，瓒辄厉色愤怒，如赴仇敌，望尘奔逐，或继之以夜战。"可见他对外族侵犯表现得异常凶悍。史载"虏识瓒声，惮其勇，莫敢抗犯"，可见他对外敌的威慑力之大。而且公孙瓒带兵作战时总是一马当先，身先士卒。他曾带领数十从骑出塞，与鲜卑数百骑不期而遇，公孙瓒对从骑说："今不奔之，则死尽矣。"他本人"乃自持两刃矛，驰出冲贼，杀伤数十人，瓒左右亦亡其半，遂得免"。公孙瓒以他的凶狠作风威震边疆，后被升为中郎将，封都亭侯，进驻属国。

公孙瓒在抗击入侵时，深感精锐骑兵的重要性，因此，他以善骑射之士为基础，组建了一支轻骑部队。由于公孙瓒酷爱白马，这支部队所配全是白色的战马，威风凛凛。而部队为表达忠心，均高喊："义之所至，生死相随！苍天可鉴，白马为证！"因而得名白马义从。白马义从在战场上风驰电掣，令敌人闻风丧胆，胡人皆四下传言"避白马长史"。

但是，公孙瓒的战绩并没有得到朝廷认可。朝廷认为汉室宗亲刘虞的作战方法更好，所以任命他为幽州牧，以抚助剿，恩威并施。果然，刘虞任幽州牧后，派遣使臣到乌桓晓以利害，丘力居等人有了归附之意，不断派遣使者前来沟通归附之事。公孙瓒不赞同刘虞的方法，暗中派人在途中暗杀这些使者。不过，还是阻挡不了乌桓人投奔刘虞的心，他们绕道而行，顺利与刘虞取得联系。刘虞的招抚之策取得了立竿见影的效果，以功拜太尉，封襄贲侯，不久再迁大司马。而公孙瓒只封了个"杂牌"将军——奋武将军，加封蓟侯。

公孙瓒十分不满，如果没有他坚定打击外族，哪来的和谈。刘虞抢去了本该属于他的功劳。更让公孙瓒不能接受的是，在关东义兵初起之时，董卓劫献帝西迁，袁绍趁机和韩馥等人商议，说献帝年幼，受制于董贼，天下无所归心。而刘虞是汉宗室的知名人士，众人便派袁绍前往，推举刘虞为帝。

此时刘虞的力量十分强大，拥有雄兵二十余万，坐镇北疆，其中就包括公孙瓒的近十万军马。不过，刘虞义正词严地拒绝了袁绍、韩馥等人的推举。

尽管如此，这还是引起了公孙瓒极大的不安，且他与刘虞对外对内的策略方针都有很大不同，矛盾越来越深，最后竟分而治之。

初平二年（191年）春，冀州刺史韩馥等人又奏请刘虞领尚书事，以便按照制度对众人封官，刘虞再次拒绝。这时，被劫至长安的献帝想要东归，当时刘虞的儿子刘和在献帝身边任侍中，于是献帝派他去找刘虞前来协助。刘和途经南阳时，被袁术扣留。袁术又遣别的使者去找刘虞，劝他务必派兵一起西进接回献帝。

公孙瓒认为袁术奸诈，坚决劝阻刘虞派兵，但刘虞不听，派遣数千骑兵赶往南阳，不料袁术又将这些人马留在南阳，迟迟不去迎接献帝。公孙瓒对刘虞很反感，便偷偷派人劝袁术干脆吞并刘虞派去的部队，给刘虞一个教训。刘虞与公孙瓒间的仇怨更深了。不久，刘和寻找机会从袁术处逃走北上，结果又被袁绍扣留。袁绍又逼迫韩馥让出了冀州刺史的职位。

其时，公孙瓒正在做出兵南下的准备，刘虞认为公孙瓒穷兵黩武，又担心他成功后更不好控制，于是不许他出兵，并削弱了他的兵权。公孙瓒大怒，拒绝服从命令。刘虞准备赏赐游牧民族物品，公孙瓒认为是资敌，多次抢夺。刘虞无可奈何，只能上报朝廷诉说公孙瓒的罪行；公孙瓒也上表告发刘虞对敌妥协，消极作战。两人相互指责，朝廷也无力派人调查处理。

公孙瓒虽割据一方，但辽东远离中原，属苦寒之地，他眼见各方诸侯都在抢占地盘，越来越不能满足于现状，于是动了南进中原的心思。

但是，他遇上一个比他野心更大的人，就是袁绍。在关东联军讨董期间，袁绍就接受谋士逢纪的建议，开始抢占地盘。今关东联军虽不复存在，但他仍以盟主自居，以平缴黑山军为借口，欲独占河北，并在豫州（袁术）、冀州（韩馥）以及青州有所动作。

初平二年（191年），袁术任命孙坚为豫州刺史，袁绍则任命周昂为豫州刺史，周昂带兵袭取了阳城。袁术派遣公孙瓒之弟公孙越协助孙坚回救阳城，公孙越被流矢射中身亡。正在青州镇压黄巾军的公孙瓒迁怒于袁绍（显然是借口），于是出兵冀州。屯兵磐河之后，他上书朝廷细数袁绍的十项罪状，号召诸州郡共同讨伐。他率领大破青州黄巾军的余部挥兵向西，到达广宗县境内，沿路守将纷纷望风而降，开城献印。公孙瓒大军推进到界桥附近，已深入冀州腹地，距离袁绍的大本营邺县仅两百余里。

为了讨好公孙瓒（或说是帮袁绍牵制青州黄巾军），袁绍令公孙瓒的从弟公孙范出任渤海太守，但公孙范一到渤海立即倒戈。这无疑是将渤海郡拱手相让。袁绍十分懊恼，只得亲自领兵迎战公孙瓒，两军在界桥南二十里处交锋。

此战，袁绍以少敌多，袁绍部将麴义大破公孙瓒"白马义从"，一举扭转了颓势，为后来消灭公孙瓒、统一北方打下了基础。

而此战的意义和影响远不止于此。因黑山军首领张燕派部将杜长等为公孙瓒助阵，也被袁绍击败，黑山军与袁氏开始结怨。后来曹操收编了黑山军一批部将，这些人在曹操与袁绍作战时出力颇大。

同时，经过此战，诸侯们正式开启乱世争霸，中原混战的大幕已经拉开。诸侯们将道义放两边，利字摆中间，为了争夺权力和地盘，你来我往，打得非常激烈。

此战之后，朝廷担心河北、辽东局面失控，诏令增加刘虞食邑，假节总督幽、并、青、冀四州，而公孙瓒也晋升为前将军，封易侯。公孙瓒虽在界桥战败，损失了精锐"白马义从"，但其主力仍在，甚至还在不断壮大。但不知什么原因，刘、关、张的几千人马一直没有纳入他队伍的正式编制。

未久，袁绍部将崔巨业攻公孙瓒于故安，但没有取胜，南归时在巨马水反被公孙瓒军击败（巨马水之战）。公孙瓒想扩大战果，却又在龙凑被袁绍军击溃（龙凑之战）……公孙瓒与袁绍的争斗旷日持久，彼此"粮食并尽，士卒疲困，互掠百姓，野无青草"。

一向蔑视公孙瓒的刘虞决定乘机举兵进攻公孙瓒，可惜他的军队战力和公孙瓒的军队相差太多，最终被公孙瓒击败，其本人被生擒。公孙瓒杀刘虞时为了不引起民愤，故意在动刀之前向天祷告说:"若应为天子者,天当降雨救之。"当时为盛暑,已经很久不下雨了,这天当然也没下雨,于是公孙瓒"名正言顺"地处斩了刘虞。

而刘虞是汉宗室的知名人士,还差点被推举为帝,他天性节俭,为政宽仁,深受百姓拥戴。所以,公孙瓒杀刘虞还是激起了公愤,离败亡不远了。

刘虞被杀之日,其部下鲜于辅等人,共率州兵攻打公孙瓒,誓要替刘虞报仇。

后来,这些人又推举燕人阎柔为乌桓司马,从乌桓、鲜卑等地招募士兵,集结起胡、汉士兵数万人,与公孙瓒军在潞县以北交战。

在公孙瓒与刘虞火拼,又与袁绍缠斗不休的时候,刘、关、张三人没有卷入战争,而是全力治理地方。在此期间,刘备带着两兄弟四处交朋友,结识了孔融、太史慈、赵云、吕布、陶谦、糜竺、糜芳等人物。刘备三兄弟以仁厚之心、义气之行而闻名一时,实力有所壮大。

这时,东郡太守曹操也已通过武阳之战、兖州之战,征服黑山军,收编了精兵数万,组建起青州兵,并接受谋士陈宫的建议,占据了兖州。当然,曹操野心勃勃,隐忍蓄势多年,哪会满足于一个小小的兖州?他将贪婪的目光投向了徐州,并且在寻找一个合适的借口。

初平四年(193年),志得意满之下,曹操差遣泰山太守应劭,前往琅邪郡迎接父亲曹嵩。途经徐州时,刺史陶谦早就意欲结交曹操，这次曹操的父亲路过，正是献殷勤的大好机会，于是他亲自出境迎接，对曹嵩极尽地主之谊。

宴席上，陶谦对曹嵩说："有幸结识尊驾，深感荣耀！此后，还请您多来徐州看看。无论您专程前来还是路过徐州，徐州百姓都会热烈欢迎您。"

酒足饭饱之后，陶谦又拿出丰厚礼品相赠，然后派都尉张闿带二百士卒护送。据《吴书》记载，为曹嵩载送物品的车辆有一百多辆，张闿起了贪心，他本来就是土匪出身，后加入黄巾军，现居陶谦门下，受到百般约束，早就有了反叛之心。车队走到泰山的华县、费县之间时，张闿反叛，杀了曹嵩及其随行家人，劫取了全部的财物，然后逃到淮南投奔袁绍去了。

曹操得知老父遇害，怒火中烧。他本就觊觎徐州，如今有了开战机会，根本不管真相如何，认定是陶谦的阴谋，咬牙切齿道："陶谦纵兵谋杀了我老父，此仇不共戴天！我今日必血洗徐州，方可雪我心头之恨！"

兴平元年（194年）初，曹操率领二十多万精兵，带着痛失父亲的愤怒和对徐州的渴望，一路杀向徐州。他下令："但得城池，将城中百姓尽数屠戮，以雪父仇。"曹军所过之处，烧毁了见到的每一片田野，屠戮了每一个村庄，甚至不放过一个女人和小孩，没有丝毫仁慈和迟疑，只有复仇者的仇恨，如同死神降临。

陶谦自知不敌，遣别驾从事糜竺向北海太守孔融求助，并派陈元龙到青州请刺史田楷、平原国相刘备出兵相援。九江太守边让看穿了曹操企图，引兵援救徐州，在半路遭曹操伏击。袁绍亦派部将朱灵督三营军相助。

其时，曹操大军先后攻拔徐州十余城，曹将于禁攻克广威（沛县东），沿泗水直至彭城。曹军前锋曹仁进攻陶谦部将吕由，破敌之后与曹操合兵。面对曹操大军，陶谦引军迎击，却遭遇大败，只得逃离彭城，退保东海郯城。

曹操没有抓住陶谦，就拿他治下的老百姓泄愤，下达了屠杀令。那些手无寸铁的老百姓被曹军驱赶到泗水边上，全部被屠杀。

陶谦到郯城之后，再无退路。在城池将破的危急时刻，刘备三兄弟和田楷率军赶来救援，陶谦令大将曹豹与刘备兄弟屯兵郯东，固守郯城。

这时，吕布联合陈宫偷袭了曹操在兖州的城池。曹操在外久战，兵粮告急，又后院起火，不得不撤军而去。为了报答刘、关、张的支持，壮大自己的力量，陶谦表刘备为豫州牧。刘备、关羽、张飞借此次机会，获得了一块较大的地盘。《三国志·蜀书·先主传》记载："谦以丹阳兵四千益先主，先主遂去楷归谦。"

刘备支援徐州的时候，兵力严重不足，与曹军实力悬殊，他之所以放弃平原国相的职位转投陶谦，是带着一分政治投机心理的。首先，陶谦缺乏军事力量，需要倚重刘备；其次，陶谦年老体衰，行将就木，徐州之地明显存在更多机会；最后，封官许愿的诱惑对于急于建功立业的刘备来说是无法抵抗的。从平原相到豫州牧，是一个巨大的跨越。西汉时设置的十三刺史部，其职责多次变动,成为刺史,是监督机构;而"牧"则是行政机构。东汉末年,刺史和州牧已经混杂在一起,但是刺史、州牧要比郡、国高一个级别,如兖州牧曹操、徐州牧陶谦、冀州牧袁绍、荆州牧刘表等。也就是说,刘备此时已经是与这些人并驾齐驱的大人物了,他的政治影响力、所控地盘今非昔比。当时豫州有刺史郭贡,豫州刺史治所在谯,而刘备身为豫州牧,则与关羽等率军驻扎在小沛。

刘备集团此时虽有了四千人马,但是他们很快又陷入困境。无钱无粮,哪养得起这些人马?这时,刘备生命中的又一个贵人出现了,这人就是陶谦的别驾从事、东海朐山县人麋竺。麋竺家境富裕,家中有千余奴仆。在刘备带兵援救徐州之时,麋竺就摸清了他的性格品德,知其是仁义之人,现今刘备屯兵小沛,遇到难处,他便把老家广陵的家产全数变卖,资助刘备。《三国演义资料汇编》中写他"助先主黄金一亿斤"。这个数量虽然有夸大的成分,但是他对刘备的帮助无疑是雪中送炭,因此,刘备对麋竺非常感激,把他当作生命中的贵人,在平定益州后封麋竺为安汉将军,职位在诸葛亮之上。麋竺在资助刘备钱财的同时,还将妹妹许配给刘备为妻,即麋夫人。刘备手中人马逐渐增至近万,而关羽、张飞仍为别部司马。

刘备、关羽驻小沛时间不长,到兴平二年(195年),年过六旬的陶谦忽然染病,日渐严重,就请麋竺、陈登议事。麋竺说:"曹兵之去,是因为曹操部将张邈、陈宫叛迎吕布,偷袭兖州。想吕布之辈不是曹操对手,曹操解决叛乱后,必定再图我徐州，主公应当早做打算才是。"

陶谦虽有子嗣，但是并不成器，保护不了徐州的一方百姓。陶谦病重时，仍念念不忘刘备、关羽、张飞的舍身相助，他清楚地知道刘备集团此时的影响力，于是对糜竺说道："非刘备不能安此州也。"又让人请刘备前来商议军务。刘备引关羽、张飞带着数十骑来到彭城，陶谦将他们三人请进卧室。

刘、关、张一并入内问安，亲如一体。

陶谦说："今天请玄德公来，不为别事，只因老夫病已垂危，朝夕难保，万望明公以汉家城池为重，接受徐州牌印，老夫死亦瞑目了！"

刘备惶恐地说："我怎么能担当这样的大任？"

陶谦说："我推举一人，可辅佐你。此人是北海人，姓孙，名乾，字公祐。此人可使为从事。"又对糜竺说："刘公当世人杰，你要好好跟随他。"

刘备始终推脱，陶谦以手指心而死。

陶谦的部属纷纷劝说："刘豫州若不领此郡，我等皆不能安生了！"

这时谋士陈登规劝刘备："今汉室衰微，天下将要覆没。而徐州殷实富庶，户口不下百万，若能得此地，进可辅佐皇帝救济天下，退可割据一方，守土安民啊！"

彭城的百姓也纷纷请愿，希望刘备接管此处，保护他们免受曹操屠害。

关羽也劝说道："徐州是大汉的城邦，彭城的百姓是大汉的子民，现在彭城需要守卫，徐州的百姓需要保护，这便是上天赋予的责任，难道能够眼睁睁地看着百姓遭受战争的苦难吗？兄长不要再推辞了。"

于是刘备答应暂代为治理徐州事务，以孙乾、糜竺为辅佐，陈登为参谋。其实刘备此时心中既喜又忧，北边的曹操、吕布，南边的袁术等都对徐州虎视眈眈，而他一人身兼两大州的主人，并不多见，所谓树大招风，他的犹豫也是有道理的。

曹操闻讯愤愤道："我仇未报，刘备不费半箭之功，坐得徐州！"

一场巨大的危机在等待着刘备兄弟三人。

第四章 寄身曹营

第一节 四雄抢徐州

刘备答应代理徐州刺史,进驻小沛,虽然向着自己心中的目标又迈进了一步,但此时的徐州已经成了一个烫手的山芋。他们三兄弟磕磕绊绊、跌跌撞撞走到今天,无时无刻不渴望有一片栖身之地,而今如愿占有了徐州,但是,袁绍、袁术、曹操,甚至张邈、吕布都盯上了这里。关羽、张飞也知道眼下的危机,他们抓紧时间招兵买马扩充实力,时刻谨记与刘备最初的誓言。

就在曹操第二次攻打陶谦的时候,陈宫向陈留太守张邈出谋:"当今雄才四起,天下纷争,您坐拥宽广的土地和众多的兵士,抚剑四顾,可称得上是人中豪杰,却受制于人,岂不委屈?今天兖州城里的军队东征,城内空虚,吕布是位骁将,善于打仗,如果将他迎来,共同占据兖州,相机行事,或许可以做出一番大事业呢!"张邈听从了他的意见,于是背叛曹操,迎吕布为兖州牧,发兵攻下兖州濮阳等城。

曹操本想趁陶谦病故、徐州无主之际,乘机夺取徐州,再回军消灭吕、张。谋士荀彧却提出了反对意见,建议曹操应当收割熟麦(稳固兖州),储存粮秣(备战徐州),积蓄实力。于是,曹操马上回师,与吕布、张邈战于定陶。

张邈哪是曹操的对手,欲虎口夺食,反被虎食。吕布、张邈战败后,南下向袁术借兵,张邈半途被部下所杀,雍丘城的家属也被曹操所杀。吕布见张邈已死,无处可去,只得往徐州投奔刘备。

听说吕布带着残部来投,刘备连忙大开城门前往迎接,又设宴为吕布等人接风洗尘。席间,吕布恭敬地对刘备说:"明人不说暗话,我来投玄德公,便是看中徐州。以玄德公刘氏宗亲的身份和仁义的名声,加上我的不世武功与胆识,你我二人夺取天下指日可待。"

刘备连连点头称是,内心却对吕布反感极了。关羽也是眉头紧皱,心想:不忠不义的莽夫,凭蛮力杀几个人倒是还行,打天下,只怕是虚妄。他看了看刘备,却见他喜怒不形于色,不由暗自赞叹主公的胸怀气魄和城府。

在关东各路诸侯当中,刘备尽管已经代为治理徐州,但还算不上群雄之一。现今武力超群的吕布来投奔他,至少能帮他守备徐州,他只需加以提防便可。吕布来后,刘备对徐州的兵力部署做了调整,重点守卫小沛、彭城,并让吕布屯兵下邳。此时刘备与吕布的关系还是不错的,史载:"布初与刘备和亲,后离隙。"

此时,觊觎徐州这块肥肉的不只有曹操,还有袁术。建安元年(196年),左将军袁术北上攻打徐州,他的部队可不是虾兵蟹将,刘备也只好把精锐都带出去迎战,关羽自然是独一无二的主力。但最重要的城镇下邳和彭城又不能没人驻守,而且这人还必须可靠。刘备权衡再三,将张飞留下。刘备与关羽、赵云等同袁术战于盱眙、淮阴一线,尽管袁术的人马远多于刘备,但打来打去双方互有胜败。

袁术不想再相持下去,便施计利诱吕布,只要吕布肯帮忙偷袭下邳,就送二十万斛粮食给他。此时留守下邳的张飞也给了吕布一个机会。张飞与原陶谦部将曹豹不和,欲杀曹豹,二人展开争斗,城中大乱。袁术乘机差人送信给吕布,希望他见机行事。吕布是一个不讲亲情、恩情,唯利是图的人,阅信后大喜,立刻发兵击败张飞,拿下了下邳、丹阳,又顺带把彭城占去。

刘备治理的徐州仅二郡三国,吕布一下子得了两国。刘备不仅要面对强敌袁术,后院还起了火,他怎能不心急如焚?他苦思良久却无计可施,只得向吕布求和。恰好此时吕布因袁术没有兑现许诺的粮食而不满,便同意刘备等人回到徐州,共同抵御袁术。

吕布反客为主,自封徐州牧,并派刘备驻守小沛,仍为有名无实的豫州牧。对关羽也有了不同的安排,《三国志·蜀书·先主传》记载"先主遣关羽守下邳"。但是徐州之主已是吕布,而下邳是徐州的治所，如果关羽在下邳守备，他不可能听命于刘备，而是听命于吕布。而且关羽在此期间，结识了吕布部将秦宜禄及其夫人杜氏，这是有记载的，所以关羽守下邳接近史实。

袁术为了实现自己的皇帝梦，试图通过儿女联姻来拉拢吕布，结成紧密的联盟，吕布满口答应。袁术又派出大将纪灵前往小沛袭击刘备。刘备自知兵少不敌，城小难守，于是向吕布求救。当纪灵带着大军气势汹汹赶到小沛时，刘备、关羽、张飞各领精兵严阵以待。吕布虽然答应派兵支援，但吕布其人实在不值得信任，况且他与袁术的关系已经更进一步，如果二人联手，刘、关、张必将万劫不复。

就在纪灵与刘备剑拔弩张之际，吕布的大队人马疾驰而来。纪灵见状，不敢轻举妄动。吕布在小沛西南扎下营寨，然后发请柬把纪灵、刘备等人都约到帐中。刘备带了关羽、糜竺来到吕布营帐赴约，纪灵看见刘备、关羽，大为惊愕，心中顿感不安。而刘备也害怕落入吕布的圈套，帐中的气氛十分微妙。

这时，吕布上前对他俩说："玄德老弟！纪灵老弟！今天把两位叫到这里，是想促成一场和谈！我吕布天生不好斗，而好解斗。望你们两家看在我的薄面上，能化干戈为玉帛，就此罢兵。"处于劣势的刘备自然求之不得，而纪灵奉军令而来，不敢轻易答应。吕布干脆对纪灵说："纪灵老弟，我有一法，可让你不为难。我等现在站的地方，离我军营的辕门有一百五十步，现在把我的戟放到辕门之处，而我在此引弓射箭，要是我一箭射中戟的小支（即戟往外延伸的那部分），那你二家就讲和，如有背义者，吕布必击之。若不能射中，那也是天意，你二家便可继续交战，吕布绝不再干预。"纪灵看了看辕门，认为一百五十步之远，射中的机会不大，这是吕布为不帮刘备而找的借口，于是同意。

刘备一听，心里顿时不安起来。如果射不中，那就意味着他会失去援军，半点胜算都没有了。关羽见状，轻轻碰了碰刘备的胳膊，示意他放心看吕布施展神技。关羽早就看出，吕布是不会把小沛白白让给袁术的，即使射不中，吕布也会御敌保住小沛。

随后，吕布举弓而射，一箭中的。纪灵应约退兵。"辕门射戟"成为一段千古佳话。

当然，双方罢兵也只是暂时的。纪灵退兵后，刘备打算安心在小沛屯田募兵，休养生息，加之刘备、关羽仁义的名声在外，仅一年多时间，便拥有了一万余人的军队。吕布因此心生忌惮，杀机渐显。建安二年（197年），袁术冒天下之大不韪，于寿春称帝，引起天下共愤。他担心遭诸侯讨伐，开始极力拉拢盟友，恰巧此时吕布派人带金子欲到河内郡买马，被刘备部下劫掠。袁术再次联络吕布，一起攻打刘备。建安三年（198年），吕布派中郎将高顺、北地太守张辽攻打沛城，刘备不敌败退，向曹操求援。曹操派夏侯惇援救刘备，也被高顺等人打败。夏侯惇败退后，高顺等人继续攻打小沛，破城俘虏了刘备的妻儿。是年九月，曹操再次出兵。冬十月，曹军占领徐州彭城，吕布亲率并州骑兵迎战，也被曹军打败，骁将成廉被俘。吕布退守下邳，曹军接踵而至，围攻下邳城。曹操写了一封信给吕布，向他陈述利害祸福。吕布欲降,但遭到陈宫等主战派的极力反对。

曹操和刘备围攻吕布近三个月,仍旧一筹莫展,最后决定引沂水、泗水灌下邳。吕布军中上下离心。到建安三年十二月(199年2月),吕布部下侯成、宋宪、魏续反叛,绑了陈宫出城投降。吕布在白门楼望见曹军攻势,自觉大势已去,便下城投降。曹操夺取了徐州之地,处决了吕布和他手下的几员顽固将领,还收服了张辽这样的大将。

关羽见曹操心情大好,想到了一件事情,于是向曹操请求说:"在下与妻儿分离二十载有余,也不知妻儿死活。关氏一脉数代单传,人丁不旺,今请丞相把吕布手下将领秦宜禄的妻子杜氏许配我为妾。"

曹操想,既然是叛军将领之妻,许配给关羽为妾倒是多了一份人情,何乐而不为?于是随口答应下来。到了城门时,关羽再次向曹操提出此事,曹操顿时感到好奇,便想见一见秦宜禄的妻子杜氏。谁知曹操见色起意,竟不顾约定,将杜氏纳入自己房中,这让关羽自此对曹操心存芥蒂。

曹操原本是来救援刘备的,但打下徐州后,他并没有把小沛还给刘备,反而要刘、关、张兄弟一起去他的大本营许都。刘备心中惊惧,但又无可奈何。而关羽、张飞对刘备忠心不二,于是随曹操班师去了许都。至此,刘、关、张三人开始了寄身曹营的生活。

关羽随刘备投奔各势力的这九年时间,每日都在刀光剑影中度过。无论是在公孙瓒麾下与袁绍战斗,还是帮助陶谦抵御曹操,抑或对抗袁术、吕布,虽然正史记载较少,但关羽在其中发挥的作用是毋庸置疑的。而刘备集团能成为东汉末年群雄中的一股势力,除了刘备汉室宗亲的身份,更得益于兄弟三人的相互帮扶、精诚合作,无论是救孔融、救陶谦,都使他们的实力和影响力急剧上升。

第二节 许田围猎

随曹灭吕是刘备、关羽等人做成功的第一件大事。而曹操是聪明绝顶之人,在刘备、关羽、张飞来到许都后,曹操深知刘备非池中物,碍于其宗亲身份和仁义名声又不能轻易加害,便极力笼络兄弟三人,给他们加封官位。曹操一方面亲近刘备,出则同舆,坐则同席;另一方面又派人严加监视,刘备、关羽的处境与被软禁相差无几。刘备也深知曹操为人奸险阴毒,于是不过问政事,而是闭门种起菜来。一天,刘备与关羽密谈。刘备先开口道:"雄心不遂,壮志难酬,身陷囹圄,进退不得。眼下窘状,终究赖兄长无能。曹公必有疑虑,不可复留。思来想去,总得找法子让你二人先脱身。"

关羽神色肃然,说道:"主公何出此言?云长任何时候都不会忘记曾经的誓言。我兄弟三人生死与共,岂能弃主公独自离去!"

刘备闻言,赶紧说:"切莫再称我'主公',此为曹孟德一大禁忌，他对有不臣之心的人最为忌惮。他之所以禁我于此，正是因我等日渐起势，又以兴复汉室为号，已成他心腹之患。"

"兄长是说曹操也像袁术一样有称帝之心？那他为何要把献帝迎来许都？"关羽问。

刘备说："曹孟德有没有称帝之意尚不明，但我几次请求觐见献帝，都被他以各种理由拒绝。如今对我等又处处防备，想脱身是不容易的。"寄人篱下、周旋于各股势力之间的刘备，何尝不想早日跃出樊笼。

"兄长是说，我们现今还是只能隐忍、韬光养晦，先取得他的信任？"关羽也有尽早脱身的想法，但要三人一起走，如何走，往哪走，他实在想不出好法子来。

刘备又说："曹孟德在宫中混迹多年，又善统兵作战，他生性多疑，善于察言观色，我们的一言一行恐怕都在他的掌握之中，要取得他的信任，一时半刻怕是难以做到。"

关羽看到曹操给刘备造成了这样的困扰，愤愤道："兄长休要多虑，曹操若想对兄长不利，还得先过我关某这关！"

刘备沉默不语，将目光投向深邃高远的天空。

自从剿灭吕布、占据徐州之后，曹操就觉得纷乱的思绪不受控制地缠绕在心头，他问谋士程昱所为何故。程昱想了想，说道："今吕布已灭，天下震动，丞相尽握兖州、徐州，正是您成就霸业之机。"

曹操愣了一下，暗自想：难道我真动了称帝之心，只是害怕朝中大臣反对，怕天下人咒骂，怕诸侯联合攻伐才未表露出来？

他脸色一敛，故意问："程先生所言何意？"

程昱深知，曹操最忌讳别人看破他的心思。他的本意是曹操既然有了称帝称王之心，眼下就是好时机。但他哪敢直言，于是旁敲侧击地说："时值冬末，狩猎的最佳时期眼看要过去了，丞相当早做安排。"

曹操一听，马上明白了程昱的用意，但他觉得眼下还不可轻举妄动。在外有袁术、袁绍、张绣、刘表等人，在内也不知有多少朝中老臣、袁氏及董氏宗亲旧部反对。他沉思片刻，他当天就把荀彧、贾诩、曹仁、徐晃、许褚（曹操护卫）、满宠、张辽（降将）等谋士、将领、幕僚全部召到丞相府，宣布明日陪天子到许田狩猎，让众人精心准备。曹操又亲自到献帝刘协住处请天子狩猎。献帝闻言疑惑问道："如今狩猎，可是正道？"

曹操说："古之帝王，春蒐夏苗，秋狝冬狩，自古循之，乃正道。前些时候忙于战事，近日好不容易得闲，幸陪天子狩猎。"

话说到这份上，献帝不好推辞，于是让人备好马匹弓箭出行。刘备、关羽、张飞也被告知随猎。关羽知道此事不简单，他沉默不语，显得比往日更加严肃。

许田就在许昌附近，路上千骑奔驰，气势恢宏。曹操跨坐在高大的战马"绝影"背上，身穿金冠锦袍，佩戴龙泉宝剑，面露微笑，雄姿勃发。几刻工夫，狩猎队伍便来到许田。这个猎场方圆二百里。于禁、徐晃各带一队兵马守在外围，八方插满旌旗。献帝身边只有曹操、许褚、程昱、荀攸、荀彧、杨彪等七八人紧随。其他一众人等随后进入猎场。顿时，草丛中、树林间、荆棘里，兔走鹿奔。

猎场中，献帝寻麋鹿而射，但屡射不中。众人因担心天子颜面而着急。这时，又有一只麋鹿慌张跑过来，曹操往前一带马，伸手夺过献帝手中的天子宝弓，搭弓一射，鹿应声而倒。动作之快，连献帝身边的人都没看清楚。

众人见麋鹿被射死了，纷纷围上前去查看。众人看到射中鹿的是天子的"金纰箭"，以为是献帝射中的，赶紧跪地，齐呼万岁。曹操并不避讳，纵马比献帝抢前一步，欣然接受了祝贺。然后，拿着献帝的宝弓转身而去。

此举引起了在场汉室忠臣的不满。关羽也把这一切看得真真切切，心里对曹操更加愤恨。待众人离去后，关羽在远处瞄见了曹操身影，忙一拍马，悄悄跟了过去。

沿着蜿蜒的小路，前行数百步，关羽见有一条清澈见底的小溪缓缓地流向远方，小溪边有一人正俯身捧着冰冷的水洗面。起初关羽还没认出此人，再一细看，见到许褚牵着"绝影"站在一棵大树下，想必那洗面之人必是曹操。

关羽想起曹操对自己兄弟三人的处处压制，心念一动，从袍中拿出一把手戟，翻身下马，正要冲过去，却被一只大手死死拉住胳膊。关羽一回头，惊讶出声："兄长，拦我作甚，让我替你前去手刃此贼！"

刘备急切地对关羽说道："赶紧将这废铁扔掉，此事不可图，只会白白葬送你我兄弟性命！"

关羽扔掉手戟，静下心来一想，确是自己太过冒失了，无论杀不杀得了曹操，都会连累两个兄弟和很多无辜的人，曹操血洗徐州的那一幕又现于眼前。关羽不禁冒出一身冷汗。

正史《三国志·蜀书·关羽传》中记载了此事："初，刘备在许，与曹公共猎。猎中，众散，羽劝备杀公，备不从。"可知关羽在许田围猎时欲杀曹操确是史实。《三国演义》中的情节只是将曹操刻画得更加嚣张跋扈。其实，关羽事先可能与刘备谈及此事，刘备并没有表明态度，直到现场，刘备才因投鼠忌器而制止。而曹操在许田围猎，正是他设的一个局。曹操想僭位称王，不知道朝中有多少汉室忠臣会反对，所以决定到许田围猎，通过暗中观察众人表情和言行来判断众人的立场，看一下众臣中哪些忠于献帝，哪些忠于自己。结果，荀彧、杨彪等十多人的表现让他很不满，这些人也渐渐被曹操冷落。

刘备以坚忍和睿智，让他们三兄弟躲过了这一劫。有心杀贼，苦无良机。欲正大义，无奈忌器。维持现状，对于弱者来说未尝不是一条出路。

至于关羽为何欲杀曹操，也可以总结出几个原因：首先主要是曹操欺君罔上、祸乱朝纲，对天子不敬；其次，曹操对于刘备、关羽的打压和限制，可能使关羽积怨已久，欲除之而后快；最后，可能还有个人恩怨：关羽求娶杜夫人不成，而被曹操霸占。关羽年轻时便对欺男霸女之事深恶痛绝，以致怒杀恶霸，如今曹操夺人之爱，对于刚直的关羽来说，是可忍孰不可忍。

第三节 再图徐州

　　许田狩猎之后，刘备闲居数月，依然在住处开掘园地，围畦种菜，每天亲自浇灌。关羽、张飞也只能随着兄长行事。然而，不幸的是，刘备很快被卷进一场政变。许田围猎之后，献帝刘协更加意识到满朝文武除了曹操的心腹，就是一群苟且偷生的投机分子，他身边几乎没有可以信任和依靠的力量。献帝召见自己的岳父董承，倾诉被挟持的屈辱。"朕自即位以来，奸雄并起，先受董卓之殃，后遭李傕、郭汜之乱。本以为曹操是可托社稷之臣，没想到他专国弄权，擅作威福。朕每见之，背若芒刺……"献帝诉说良久，不禁泪流满面，难以成声。他撕下衣带，啮指出血手书诏书，诏令董承联络反曹势力，共谋反曹大计，夺回皇帝权力。献帝的这个密诏就是后世所说的"衣带诏"。

　　董承接了诏令，四处寻觅同道，暗中观察，谨慎运作，一直被曹操压制的刘备自然也成为物色对象之一。

　　董承对刘备说："我之所以做这件事，就是为了将忠于汉室的大臣们团结起来，诛除曹氏势力，整肃朝纲，匡扶大汉江山。公乃汉室宗亲，正宜力扶社稷。"

　　刘备说："切宜缓缓施行，不可轻泄。"这是惊天大计，一旦失败，将万劫不复。

　　建安四年（199年）初夏的一天，刘备如往日一样在菜地忙着,忽听一军士来通报:"丞相有命,请使君前往小宴。"

刘备心头微微一震,紧张地随军士来到曹府。这是私人府邸,曹操正坐在府旁的凉亭中。待刘备走近,曹操便起身说道:"听说玄德在家中正做一番大事!"

刘备闻言,心中一惊,以为图曹之事败露,但他依旧面不改色,和缓地说:"丞相说笑了,备不过一乡野匹夫,何谈大事。"

这时,曹操过来拉着刘备的手,走向后园,一边走一边说:"我听闻玄德在宅中种菜养花,好不惬意啊。"

刘备缓了缓情绪,应和道:"只是闲来无事的消遣罢了。"

曹操接着说:"刚才我在后园看到树枝上梅子青青,忽然想起去年征讨张绣,也是这个季节。天热,行军途中缺水,将士们都口渴难耐,我忽然计上心头,便扬鞭向前一指说:'前面有梅林。'听了这句话,军士们嘴里都生出唾液,感觉不到渴了。众将士都有了前进的力气,最终找到了水源。今日看见这梅子,觉得不可不赏。我已吩咐人以青梅煮酒,差不多要煮好了,所以邀请使君前来小酌。"

刘备定下心神,依然不明白曹操到底打的什么算盘。

返回小亭下,二人对坐,开怀畅饮,谈古论今,话中尽藏机锋。

酒至半酣时,曹操话锋一转,与刘备聊起了天下英雄。

曹操问:"以使君之见,谁人可称当世英雄?"

刘备历数袁绍、袁术等当世豪强,曹操皆视为碌碌之辈,不足挂齿。

曹操也给出了他的答案。史载："是时曹公从容谓先主曰：'今天下英雄，唯使君与操耳。'"

曹操的话有两重用意：一是认为刘备、关羽等人皆是人才，希望他们为自己所用；二是对刘备进行一番试探，看他是不是有同自己争夺天下的野心。

刘备正用羹匙吃饭，听曹操这么说，吓得将羹匙掉在了地上。《华阳国志》载："先主曰：圣人言'迅雷风烈必变'，良有以也。一震之威，乃至于此也！"

刘备、曹操论英雄是实，有没有煮酒便无人知道了。《三国演义》中做了一番渲染，展现出两个英雄人物的形象：一个长歌当啸，豪气冲天，指点群雄；一个寄人篱下，一味谦恭，坚毅善忍。曹操经过这一番试探，没有看出刘备有多大野心。为了显示他胸怀宽广，爱惜人才，以及收天下英雄之心，他上表举荐刘、关、张兄弟。

献帝刘协召见了刘备等人。献帝见刘备相貌异于常人，喜怒不形于色，于是问道："卿祖上何人？"

刘备跪拜，口称万岁，回禀道："臣乃中山靖王之后，孝景皇帝阁下玄孙（高祖二十一世孙）。"

《三国演义》中有献帝查阅王室宗谱的情节，事实上，查皇家宗谱是不可能的，且不说王室宗谱是否毁于战火，即使有宗谱，非世袭王的旁支下五代也不可能载入王室宗谱，二十一代的旁支又如何能在王室宗谱中查到？

献帝说道："如此算来，朕还得称刘卿家一声'皇叔'呀。"

刘备闻言，诚惶诚恐，慌忙下跪道："臣不敢，不敢。"

曹操早知刘备有匡扶汉室之志，对他本有几分忌惮，现今献帝的这声"皇叔"，更是让生性多疑的曹操感到不安，不过他并没有当场表露出来。

献帝哪里管得了曹操、刘备心里有何想法，开口道："按曹相荐表，刘卿家及一干兄弟部众，抗击逆贼，屡有战功，任命刘玄德为左将军，任命关云长、张益德为中郎将（次于将军的武官）……"

也就是说，经曹操提议，朝廷加封刘备为左将军，拜关羽、张飞为中郎将。这是关羽继别部司马的职位后，第一次得到朝廷正式册封的军职。虽然刘、关、张三人的官职是虚职，但毕竟是皇帝亲封，远比那些州牧、刺史、郡守、县令要正统得多。

就在这时，曹操接到军报，称因贸然称帝而被多方征讨的袁术已近末路，欲往北投奔袁绍长子、时任青州刺史的袁谭。曹操不敢怠慢，虽然他嘴上不以袁绍为英雄，但他知道自己跟袁绍早晚要有一场决战，不能让袁绍轻易补充实力。于是，曹操派刘备、朱灵、路招各带一支人马去拦截袁术。

刘备知道这是一个千载难逢的机会，于是带着关羽、张飞、简雍、孙乾一班人迅速赶往徐州。袁术的几千人马进入徐州，被刘备、朱灵、路招的人马截住去路。袁术不得通过，又退往寿春。六月，袁术退军至江亭后病亡。朱灵、路招便撤兵而回。

刘备却没有撤兵，好不容易才出了牢笼，岂能再回去？刘备将人马集中起来驻扎下邳。

关羽对刘备说道："以我们现有的兵力，还不能跟曹贼翻脸。好在我们是奉命出兵的，不如借机壮大队伍，积藏粮草，再作计议。"

刘备点头赞同。于是，关羽、张飞、麋竺等皆分工行事。刘备则带着孙乾等人去找徐州刺史车胄商谈筹措粮草之事，哪知车胄根本就不买账，并斥责刘备屯兵于下邳抗命不遵，要向曹丞相禀报。之前，为了鼓励刘备对抗袁术，曹操表封刘备为宜城亭侯、镇东将军，又是一些虚职。击破吕布后，曹操任车胄为徐州刺史。刘备本就对此愤愤不平，又见事情要败露，便命关羽袭杀了车胄，并宣布自领徐州牧。然后，刘备派人去许都接来两位夫人。《三国志·蜀书·关羽传》记载，刘备驻守小沛，派关羽守下邳，行太守事。这是关羽第一次有了高级的行政职务，代理下邳太守。《魏书》中还称，关羽为徐州刺史，兼下邳太守。可以看出，此时刘备最信任的人就是关羽，每有重任，必委于关羽，事成之后，又毫不吝惜地给予优厚待遇。这一方面显示了刘备的政治手段，另一方面也说明了关羽的文韬武略。

此时徐州周边不断有郡县反叛曹操，刘备尽收其部众，兵马很快发展到几万人。他又派孙乾与袁绍联络，鼓动袁绍进攻曹操。袁绍不久前在易京彻底打败公孙瓒，成为河北（黄河以北）势力最大的军阀，兵锋正盛，他派兵增援刘备，并准备挥师南进许都。

曹操也在调集军队准备对付袁绍，听说刘备反叛，不禁感慨："没想到刘玄德心机如此之深，真是养虎为患啊！"此时曹操对刘备的态度是，既不放心，又不放在眼里。

建安五年（200年）正月初九日，"衣带诏"事件败露，董承和长水校尉种辑、将军吴子兰、偏将军王子服、议郎吴硕等人都被曹操杀害。曹操严令："今后外戚、宗族，不得擅入宫门。守卫警戒不严，与其同罪。"同时调拨心腹人马三千补充御林军，令亲信曹洪统领，以为防察。

曹操本打算与袁绍决战，但刘备不仅在徐州发动兵变，而且参与了这次政变。这使报复心极强的曹操对刘备恨之入骨。曹操问他的军师荀攸："我打算东征刘备，怎奈有袁绍之忧，荀先生有什么万全之策？"

荀攸说："袁绍生性迟钝而又多疑，他的智囊参谋们又相互妒忌争功，一时之间必不能作出决策，不足为忧。此时刘备新整军兵，而又众心未服，丞相应速速引兵东征，一战可定。"

曹操听从了荀攸的建议，动员二十万大军，分兵五路进军徐州。刘备听说曹操亲领大军前来，派出几支骑兵出城侦察。得知曹操如此兴师动众，他顿时失去了与之一战的勇气。这是刘备对形势的错误估计，也是他对曹操的错误认识。他本以为曹操与袁绍大战在即，无暇顾及徐州。刘备自知不敌，如果被曹军重兵包围，想脱身就难了。那个时候，就是把这万余人马拼光了，小沛也守不住。不如保存实力，乘夜向青州方向撤退，尽快与袁谭会合。刘备思虑再三，放弃了小沛，率军逃往青州投奔袁谭。

第二天，曹操围攻小沛，城内仅有千余人马驻守。曹军轻易攻入城中，刘备的人马除少数逃脱外，数百人被俘，甘、糜二位夫人也被虏获。

拿下小沛之后，曹军分两路南进，一路去打彭城，一路攻陷关羽镇守的下邳，擒获了关羽。

《三国演义》是这样描述这段历史的：关羽得知小沛已失，刘备已经北去联络袁绍，即命加固下邳城防坚守，希望把曹操的主力牵制在此。曹操亲领大军围攻下邳，数日不下，心急如焚。他的主力需要应对袁绍进兵许都，没有时间耗在这里。于是他召集谋士和众将商议对策，拟定了"调虎离山"之计——由夏侯惇引诱关羽出城，然后许褚和徐晃负责拦截，阻断关羽回城的通道。三人合力将关羽围困于野外，逼降关羽。

夏侯惇依计到城下挑衅，叫嚣要活捉关羽，还骂出一些污言秽语。关羽知道夏侯惇是个悍勇之将，引数十兵卒出城，他大喊一声："匹夫休得猖狂！"拍马挥刀与夏侯惇单挑。二人交手数十回合之后，关羽猛然发现已离城十多里，正欲掉转马头返城，但为时已晚，徐晃和许褚早就截断了他的退路。关羽气恼万分，挥动长刀向二人杀来，直接与徐晃刀枪相见。在曹营中，徐晃也是一员猛将。关羽与他对战，丝毫不敢大意，一招一式都尽全力。战了十来回合，徐晃抵挡不住，拨马便回。

关羽还未喘息片刻，许褚又拍马冲杀过来。许褚是曹操近身侍卫，也是曹营中数一数二的猛将，对付此人，关羽更是不敢稍有松懈。关羽刀气纵横，左右横砍，刀光漫卷。许褚竟然渐渐力不能敌，且战且退。关羽的攻势渐渐减缓，一直打到天色变暗，也无法突破两人的合力拦阻。他回不了城，只得到南边的土山扎营驻守。

关羽本已打定主意，往丹阳、广陵撤退，万一被困住脱不了身，便拼死战到最后一刻。没有想到中途再生变故。徐晃、许褚之所以没对关羽痛下杀手，是因为曹操下令要生擒关羽并逼降。曹操与关羽有数次交集，早就看出关羽不仅武功盖世，更是忠义无双，若能招入自己麾下，定会为自己立下不世之功。因此，曹操派张辽星夜上山，劝说关羽降曹。

张辽却觉得，以他对关羽的了解，以常法收降关羽可能性不大。所以上山之前，他就与程昱、荀彧商议好几套说辞，这才有了些底气，鼓起勇气上山。

《三国演义》对张辽劝说关羽的情节描写得尤为精彩。关羽见张辽星夜前来，便知其目的，他直截了当地告诉张辽："你回去告诉曹贼，有胆前来抢山！就算拼得一死，我也要砍掉曹兵百十个头颅！"

张辽自然知道，关羽没有叛刘降曹的可能，即便被擒也必然要以死尽忠，其言语中已经有了必死之心。于是，张辽微微一笑道："关将军爱憎分明，忠勇无双，实在令人钦佩。我料想到，关将军已抱定了必死之决心，正因如此，我才敢斗胆上山来一见。"

关羽满心疑惑："张将军何故如此说？既然知道我会死战不降，为何还枉来这趟？"

张辽说："死战不降，固然可嘉。但关将军可曾想过，您身死之后，后人会如何评说您呢？"

关羽更为疑惑不解，问道："此话又作何解？"

张辽直言："关将军若此时战死了，就有三大罪过。"他两眼紧盯着关羽，继续道，"关将军的生死兄弟刘玄德，如今不知道是死是活，你不去追寻他，有悖曾经同生共死的誓言，其罪一；刘玄德将家小托付给关将军，关将军若战死，二位夫人将无所依靠，有负兄弟之托，其罪二；汉室倾危，关将军一身武艺不去匡扶，建功立业，却白白战死，非大丈夫所为，其罪三……"

不待张辽说完，关羽急忙问道："张将军是说我二位嫂嫂已被曹军所掳？"

张辽说："没错。如今玄德公家小和下邳百姓的性命，全在关将军一念之间。"

关羽明知这是赤裸裸的威胁，却也无可奈何，低头思索起来。关羽有些犹豫不决，他想，曹操是个极为记仇之人，他痛恨刘备，又有屠杀徐州百姓的先例，即便自己同意归降，若曹操再屠城、杀刘备妻小，又能奈他何？

张辽虽为武将，却心思细腻，他看出关羽已经有所动摇，只是心存顾虑，于是趁热打铁，说道："丞相痛恨吕布，虽降而杀之，而张某不才，却被重用；丞相因痛恨陶谦而屠徐州数城，却重用谦之旧部臧霸、孙观，可见丞相惜才重诺。况且，乱世当道，能人志士各事其主，丞相不会轻易加罪于将军和玄德家小。"

关羽又细思一番，提出三个可降的条件：第一，我与皇叔设誓，共扶汉室，我今只降汉帝，不降曹操；第二，甘、糜两位义嫂安身之所，请按皇叔俸禄养赡，一应上下人等，皆不许到门;第三,但知刘皇叔去向,不管千里万里,便当辞去。三者缺一,断然不降。

张辽回营向曹操禀告,曹操再次被关羽的忠勇仁义打动,对他所提条件全部答应。第二天一早,他亲自迎关羽下山。

在正史中,关羽确实是做了抵抗的,后在曹军的进攻下,暂时归顺了曹操。《三国志·蜀书·先主传》记载:"建安五年,曹公东征,先主奔袁绍。曹公禽羽以归,拜为偏将军,礼之甚厚。"《三国志·魏书·武帝纪》也记载:"备走奔绍,获其妻子。备将关羽屯下邳,复进攻之,羽降。"

从历史的脉络看,关羽投降曹操确实是权宜之计。他并没有改变忠于刘备、忠于汉室的初衷。《三国演义》中对关羽投降过程的描写,即"土山约三事",虽然无史可考,但确实也是一种可能。

首先,曹操确实非常欣赏关羽的勇猛和忠义,作为历史上极为爱才的人,他想将关羽纳入帐中,对关羽给出优待也不足为奇。

其次,在《三国志·蜀书·关羽传》中记载:"初,曹公壮羽为人,而察其心神无久留之意,谓张辽曰:'卿试以情问之。'既而辽以问羽,羽叹曰:'吾极知曹公待我厚,然吾受刘将军厚恩,誓以共死,不可背之。吾终不留,吾要当立效以报曹公乃去。'辽以羽言报曹公,曹公义之。"从张辽和关羽的对话可以得知,关羽并没有隐瞒要追随刘备的想法,他不愧是忠肝义胆第一人、顶天立地的英雄,他不会留在曹营,确实是有言在先。

最后，关羽暂留曹营的出发点也是为了保护二位嫂夫人和徐州百姓，这也是在情理之中的。后人对此的评价也是认为关羽折损了自己的名声，保全了刘备妻小，此乃千秋大义。

而此次失利，让刘、关、张三兄弟失散，刘备单枪匹马逃走，投奔袁谭，随袁谭往邺（今河北临漳西南）见到袁绍。袁绍遣将列队，出迎刘备。可以说刘备投靠袁绍是典型的政治家思维，站在抗曹救汉的角度来看，袁绍是当时最强大的盟友。关羽无奈之下投奔曹操，但对刘备的厚恩铭记在心，从后面的史实看，他确实保护了刘备的两位夫人，从对主之忠、对兄弟之义来说，都是最好的选择。张飞则逃往芒砀山一带，《魏略》载，张飞还掳走了夏侯霸的从妹，纳为妻子："飞知其良家女，遂以为妻。产息女，为刘禅皇后。"

第四节 扬名官渡

刘备驻守小沛之时，曾向袁绍求援。而袁绍确如曹操所料，迟疑而不肯出兵，导致刘备小沛兵败。刘备与袁绍本该是盟友关系，眼下却变成"主仆"，虽被尊为座上之宾，但他毕竟是一个落魄之人，哪会有人重视他。刘备很不甘心，但他依然极力摆出盟友姿态，参与对曹作战的决策。

在此前后，曹操也是大力笼络人才，先后收降了马腾、张绣等势力，又把关羽纳入麾下，曹操的阵营实力倍增。

曹操拜关羽为偏将军，不仅赐赠绫罗锦饰及金银器皿，还送美女十人侍奉。不过，关羽并没有马上被重用，与一年前一样过着闲散生活。曹操给了关羽一处统间式宅院，关羽将其分隔为前后两个小院，让甘、糜二位嫂子居于内院，自己居于前院。时间这样平静地流逝着，一天又一天，关羽度日如年，白天练习武艺夜晚自读《春秋》。他平复心绪，藏起雄心，保持着平庸的样子。但外面大战一触即发，关羽心中时刻记挂着刘备、张飞的安危。

曹操扫清了后方的敌对势力后，开始集中精力与袁绍争锋。他挥师官渡（今河南中牟东北），时刻准备迎击袁绍。当时袁绍的力量要远强于曹操，孔融曾对曹操的重要谋士荀彧表达了对出兵的反对态度。《三国志·魏书·荀彧传》记载，孔融劝告荀彧："绍地广兵强。田丰、许攸，智计之士也，为之谋；审配、逢纪，尽忠之臣也，任其事；颜良、文丑，勇冠三军，统其兵。殆难克乎？"孔融的评价十分中肯，但袁绍与曹操的一场大战已经不可避免，双方都想扩大地盘，进一步控制朝廷。

建安五年（200年），袁绍从刘备口中得知曹军的兵力及部署情况后，觉得兴兵伐曹的时机成熟了。但袁绍的谋士田丰又站出来劝阻道："前番曹操攻打刘备，许都空虚，我们没有及时进军；如今徐州已破，曹军士气正旺，绝不是交战的时机。况且曹操善于用兵，兵众虽少，不可轻敌。此番曹军气势汹汹，宜持长久战策略……"

袁绍心胸狭隘，对田丰的再三进谏感到厌恶，当场免了田丰的职务，并将他下狱。随后，袁绍命陈琳发布讨伐曹操的檄文，布告州郡，历数曹操的罪行，指控曹操"豺狼野心，潜包祸谋，乃欲摧挠栋梁，孤弱汉室，除灭忠正，专为枭雄"。随即发兵十万，进抵黎阳（今河南浚县），在此建立大本营。同时派大将颜良、淳于琼、郭图包围攻打东郡太守刘延镇守的白马城（今河南省滑县），意图打通主力渡河南进的交通要道。

曹操听闻刘延被围，立刻发兵前往救援，由此引发了历史上著名的官渡之战。

此时的关羽虽身在曹营，但依然向曹操表达了匡扶汉室的决心。官渡之战前夕，他给曹操写了一封书信表达心志，《关王事迹征信编》卷十二记录了这封信："刘豫州有言：尉佗，秦之小吏耳，犹独立不屈。羽哑哑飞鸣，翔而后集，宁甘志出小吏下也？使明公威德布于天下，斡旋汉鼎，穷薄海内外，将拜下风慕高义矣，独羽兄弟哉！瞻悚，羽再拜。"可以看到，关羽依然期待曹操能够和刘备一样，维护汉室，布德天下，而且还替刘备说了好话。

曹操听取军师荀攸的建议，不与袁绍展开正面决战，而是分散他的兵力。曹操引主力从官渡进抵延津，摆出渡河袭击袁绍大本营的架势。袁绍闻报，急忙从黎阳一带奔袭延津，准备拦截曹操。见袁绍分兵，曹操抓住良机，派张辽、关羽轻兵掩进，救援白马城。

张辽、关羽的人马进至离白马十余里时，颜良、淳于琼才得知消息，急忙调整部署迎战。

小说中这样记载关羽对颜良的看法：

曹操指山下颜良排的阵势，旗帜鲜明，枪刀森布，严整有威，乃谓关公曰："河北人马，如此雄壮！"

关公曰："以吾观之，如土鸡瓦犬耳！"

操又指曰："麾盖之下，绣袍金甲，持刀立马者，乃颜良也。"

关公举目一望，谓操曰："吾观颜良，如插标卖首耳！"

操曰："未可轻视。"

关公起身曰："某虽不才，愿去万军中取其首级，来献丞相。"

可以看到，曹操眼中雄壮的军士，在关羽看来似"土鸡瓦犬"。而连战连捷的颜良，在关羽眼中就似头上插着草标，在贩卖自己的性命。寥寥几笔，将关羽的傲、勇展现得淋漓尽致，我们可以看到威风凛凛的关羽，不仅武艺绝伦，更有一股战必胜的英雄气概。

之前我们已经讲过，在《三国志》中，对于关羽杀颜良的记载是这样的："羽望见良麾盖，策马刺良于万众之中，斩其首还，绍诸将莫能当者，遂解白马围。"这段描写虽然没有小说中精彩，但还是可以看到，关羽是在万军之中杀掉了颜良，解了曹操的危难。至于关羽杀颜良的方式，还是值得推究一番。一个"刺"字，留给后人太多想象。

"刺"的本意和"斩""杀"相差很多，"刺"多用于没有正式交手或者用计突袭的场景。有说"刺"是关羽所创的十八种刀法之一，我们对这种武术不作讨论，仅分析一下"出其不意"的可能。

嘉靖本《三国志通俗演义》中这样描写颜良的反应："颜良正在麾盖下，见关公到来，恰欲问之，马已至近。"毛宗岗也曾对"刺"字批注："杀得出其不意，所以谓之刺也。"另外，嘉靖本《三国志通俗演义》在这段描写后面甚至做了小字注进行交代，虽是野史，但是很入情理：颜良辞别袁绍时，刘备曾嘱咐颜良，他的二弟关羽在曹营，如见他，可告诉他前来投奔，又对关羽的样貌做了一番描述。所以颜良确定来将是关羽后，放松了戒心："颜良见关公来，只道是他来投奔，故不准备迎敌，被关公斩于马下。"对此事，还有诗感叹："千万雄兵莫敢当，单刀匹马刺颜良。只因玄德临行语，致使英雄束手亡。"清朝时，关帝庙已经遍及各地，唯独颜良故乡河北正定辛城堡不祭关公，正是对此愤愤不平。

真实的历史可能确实如此。关羽必定是用了某些突袭的手段。虽然关羽武艺超群，但是与颜良的差距也不会如此之大。颜良毕竟是袁绍阵营的头等武将，久经战阵，不至于难以招架，不出一回合便被斩首。

关羽可谓一战成名。白马坡前的斩首行动，不仅创造了万军之中取敌将首级的奇迹，也对袁军形成了极大威慑力。

不过，曹操没有在白马与袁军死战到底的心思。战争双方都在积蓄力量，力求给对方致命一击。

袁绍听说曹操斩杀了自家悍将颜良，大获全胜后引兵从白马退去，怒上心头，恨不得将曹操生吞活剥，要派出大军追击曹操。去年六月，袁绍就与曹操在延津对峙，那个时候是攻击曹操的良机，但因袁绍优柔寡断，决心未定，最终各自撤兵而去。而今，战局发生了变化，良机已失。谋士沮授劝阻说："战争胜负的变化，不能不仔细考虑。现在主公最好还是屯驻延津，再分出部分兵力去进攻官渡，如果能攻下，再返回迎接驻留延津的大军，也还来得及；如果大军贸然南进追击，万一失利，就会有全军覆没的危险。"但骄矜自大的袁绍又一次拒绝了沮授的正确建议。在大军开拔将要渡黄河时，沮授忧心如焚，喟叹道："黄河啊黄河！我们还有再渡河回去的机会吗？"袁绍命令文丑为先锋，率部向南前行，兵锋直指官渡。

曹操也在想对策，他认为白马不适合防御，便主动放弃在白马的据点，沿河向西转移人口和物资。这时，军师荀攸提出了"饵敌"之计——在预定的地方放置"饵"，让袁军来"取"，乘机伏击之。曹操引军向延津行进不久，曹军游骑就发现了随后追来的袁军，立刻向曹操报告："袁绍追兵约六百骑已经逼近。"过了一会儿，又有游骑报告说："袁军大股骑兵追来，步军漫山遍野。"曹操一边令哨骑不用再来报告，一边让所有骑兵都卸下马鞍，将马匹散放在山坡上吃草，把辎重车辆停在路上。

曹军到达延津附近，在白马西约二十里、南约五十里的南阪下安扎营寨。因曹操营地在距离河岸有一段距离的防洪堤坝南侧，当曹操派人打探袁军动向时，袁绍却看不见曹军。

任何时代，装备与物资补给都是决定战争胜负的主要因素，是影响一支军队战斗力的基本要素。曹操仓促间抛弃的辎重粮草，在黄河岸边散乱堆放。对于袁绍来说，这是敌人留下的馈赠，自然应该收取。虽然没有报仇，但是缴获敌人的辎重粮草也是一件好事。

文丑更加得意，不费一刀一枪就缴获了这样多的辎重粮草，实在是好运气。骄横傲慢的文丑，以为凭自己的威名及五六千人马已经使曹军闻风丧胆，于是无视敌军的去向与目的，纵兵抢掠。

又过了一会儿，袁军又有一部人马也追上来，曹操见时机已到，命令数百骑去突袭文丑军队。战场的情势瞬息万变。曹军的精锐骑兵部队迅速地展开了冲击，马蹄声如同雷电轰鸣，又如黄河的巨浪咆哮席卷而来。文丑的军队仓皇之中不能应战，受到了沉重的打击。文丑奋力支撑，曹军加紧围攻，结果，文丑在混战中被砍杀。文丑所率人马群龙无首，无心恋战，全部成了曹军的俘虏。曹操领军撤回官渡大本营。

白马、延津之战，袁绍一连折损两员大将和众多人马，士气严重受挫。袁绍不敢继续南进，也暂时退兵。

《三国志·魏书·武帝纪》载："绍于是渡河追公军，至延津南。公勒兵驻营南阪下，使登垒望之，曰：'可五六百骑。'有顷，复白：'骑稍多，步兵不可胜数。'公曰：'勿复白。'乃令骑解鞍放马。是时，白马辎重就道。诸将以为敌骑多，不如还保营。荀攸曰：'此所以饵敌，如何去之！'绍骑将文丑与刘备将五六千骑前后至。诸将复白：'可上马。'公曰：'未也。'有顷，骑至稍多，或分趣辎重。公曰：'可矣。'乃皆上马。时骑不满六百,遂纵兵击,大破之,斩丑。"

正史中并未明确说到底是谁诛杀了文丑,也没有提及刘备与文丑共为先锋之事。但是《三国演义》和民间传说都把这一功劳记在关羽头上。关羽确实参加了此战。同时参战的有徐晃、张辽二将。但是是谁斩的文丑,并不明确。《三国志·魏书·徐晃传》写徐晃"进至延津,破文丑",但是"破"和"斩"的差距还是很大的。而且以文丑的名望,如果真的确定被某将斩杀,此人一定会被记功受封,而曹操十分善于治军,对于赏赐从不吝惜。所以文丑大概率是在乱战中身死,而非关羽斩杀。

也许是上天的巧妙安排,关羽加入曹操阵营后,一直没有与在袁绍阵营的刘备碰上。那么此时刘备在袁绍营中做什么呢?刘备到邺城之时,正是袁绍集团对南进计划做最后决定的时候,这个计划中有一项重要内容,即南联荆州牧刘表,以对曹操形成南北夹击之势。但是,刘表虚与委蛇,迟迟没有出兵。恰逢汝南的黄巾军首领刘辟等反叛曹操,刘备便主动要求去汝南,再劝刘表联合刘辟抗曹。汝南是袁绍的老家,他多次图谋汝南而不得,曾为此与兄弟袁术大打出手,而今刘备愿去,袁绍当即准允。刘备便带着糜竺、赵云等人及旧部人马绕道到曹操背后的汝南去了,官渡正面战场并没有刘备一干人的身影。

袁绍虽然在白马、延津两战失利,但在军事上仍占优势。而且,汝南也有好消息传来,刘备已收服刘辟,将策应袁绍南进。七月,袁绍又集结部队进攻阳武,准备再次南下进攻官渡、许都。八月,袁绍大军渡过黄河后,逐渐逼近官渡,紧靠曹军扎营，军营东西绵延数十里。这里离许都已经不远，曹军不能再退了，也立营寨相拒。袁绍多次攻寨不克，双方相持近百日。

曹操在前线难敌袁绍，后院刘备又放起了火。正在曹操准备撤军时，闻报袁军运了大量粮草到故市（在曹军营寨西北面）。于是，曹操派徐晃和史涣带着骑兵突袭故市，将袁军粮草烧了个精光。袁绍急了，一边令张郃、高览强攻曹操营寨，一边派淳于琼等人再运送粮草，屯于乌巢。

这时，袁绍谋士许攸见袁绍难成大事，便投奔到曹操阵营，他为曹操献计，让曹军装扮成袁军夜袭乌巢，诱杀守将淳于琼，还将乌巢粮草付之一炬。张郃、高览见久攻曹营不克，乌巢的粮草尽失，战意全无。在许攸的劝说下，竟也向曹操投降了。袁军军心动摇，完全失去了战斗力。曹军乘机反击，袁绍及长子袁谭皆单骑逃遁，眼见败局已定，袁军将卒无心抵抗，纷纷溃逃。曹军一路追杀，歼灭袁军七八万人，缴获武器、辎重、珍宝无数。

建安五年（200年）十月，持续了十六个月之久的官渡大战告终。官渡之战是汉末乃至中国历史上有名的以少胜多的战役，也是曹操与袁绍争夺北方霸权的转折点。官渡一战之后，曹操终于取得了对袁绍的优势，为自己统一北方奠定了基础。

第五章 投奔荆州

第一节 千里寻兄

官渡之战后,曹操借献帝名义加封关羽为"汉寿亭侯",食邑五百户。汉寿是地名,在荆州刺史部武陵郡汉寿县。汉寿亭侯属于列侯。秦朝开始,对军士以军功赐爵,分为二十等。其中第二十等爵为彻侯,到汉武帝时为避武帝讳,改名通侯,后又改名列侯。《后汉书》记载:"彻侯,授金印紫绶。"《宋书百官志》记载:"亭侯第五品,在关内侯上。"大概可以得知,关羽此时已经是官居五品、享受朝廷俸禄的大员。但关羽一点也高兴不起来,相反,他的眼中流露出深深的忧郁。

这天,关羽又被邀到曹府宴饮。关羽进了宴会厅,心情依然沮丧。他穿着褪色的绿锦旧战袍,坐在衣着华丽的众人中间,显得那样的格格不入。曹操走进厅来,一眼瞧见关羽穿着旧袍,怪道:"云长为何还是穿着这件旧袍？我不是让人给你做了件暗紫色战袍吗，为何不穿呢？"

关羽起身，撩开旧袍，说道:"新袍在里面。"

曹操不悦，沉声道:"旧袍掩新袍，云长为何这般节俭呀？"

关羽带着歉意笑道:"衣袍虽旧，却是兄长相送，穿着如见兄面。岂能因新衣而忘却兄长？"

曹操感叹:"云长是真正的义士啊。"他嘴里这么说，心里却很不痛快。

关羽轻捋着长髯感伤地说:"活着不能报效国家，今又背弃兄弟，枉自为人一世！"他默默地凝视着酒杯，又有一抹忧伤悄然升起。

吃喝完毕，众人散去，曹操只留张辽相陪，与关羽外出散散步，只为一探关羽心迹。

曹操见关羽的马十分消瘦，便问关羽:"云长坐骑为何如此消瘦，可是有何疾病？"关羽说:"并无疾病，只因我体重，马不能载，因此消瘦。"曹操听后哈哈一笑，叫紧随其后的侍从把一匹马牵了出来。

曹操指着马说:"云长识此马否？"

关羽定睛一看，惊道:"莫非是吕布坐骑赤兔马？"

"没错。"曹操再笑，"我一向敬重云长的武艺人品，所谓宝马配英雄，今日便以此马相赠。云长，你可中意？"

"谢丞相！"关羽喜出望外，再拜称谢。

曹操看到云长如此激动，不由得问道:"我数次送你美女金帛，你都未尝下拜，今我赠马，你一拜再拜，为何看轻人而看重牲畜呢？"

关羽激动地站起来，对曹操说道："丞相，我知此马日行千里，今日有幸得到它，如果我知道兄长下落，一日就可以见到他了。"

曹操皱了皱眉，说道："我待云长薄否？"

关羽肃然道："丞相之恩深厚无比，只是我身虽在此，却常心忧兄长，从未忘怀。"

这时，一旁的张辽眉头紧皱，对关羽说："关将军，这话说得可不对。处世不分轻重，非大丈夫所为。玄德公待您未必胜过丞相，您何故只念玄德公恩情？"

关羽长叹一声说道："我知道丞相待我甚厚，怎奈我受兄长厚恩，并与兄长誓同生死，不可背之。"

全身如火炭、状貌雄伟的赤兔马注定要与真正的英雄相遇，从此它与一个英雄的名字紧密地联系在了一起。

关羽牵过赤兔马，一翻身上了马，再对曹操拱手，然后掉转马头离去。

曹操叹道："事主不忘其本，是天下真正的义士啊！"

赤兔马是确实存在的。《三国志·魏志·吕布传》上说："布有良马，名曰赤兔。"但依据史书记载，赤兔马在吕布战败后便不知所终，并没有成为关羽的坐骑。《三国演义》将赤兔马安排为关羽的坐骑，其出发点无非是"宝马配英雄"的美好愿望，更重要的是，马对于武将来说，是安身立命的伙伴，即便是获赠这样稀奇的宝马良驹，亦不能动摇关羽对刘备的忠诚。

在此期间，曹操常派张辽、徐晃等人，以朋友交情说服关羽投靠曹军，但依然被关羽回绝。

又过了些时日，有人自称是关羽的故交，远道来访。关羽心里一动，赶紧把左右的人支开，但人来了后却发现不认识。来人自我介绍说："我是袁绍的部下，姓陈名震，受玄德公之托，送来一封私信。"

关羽听说有大哥来信，惊喜万分，拆开一看，信中尽诉分别之苦，也似有责备关羽不尽早去邺城相会之意。看过信后，关羽哭道："我哪是不愿意去找大哥，而是不知道大哥在哪里啊！"

关羽送走陈震，转身来到后院门前，却也不敲门进去，只是在门外行礼，参拜二嫂于门外。

甘夫人见关羽前来，问道："叔叔征战得胜而回，可得知了皇叔的下落？"

关羽答道："云长正是为此事而来。今日有一故交在府门外拦下我，前来告知大哥的下落，带来大哥的亲笔书信，还请嫂嫂一读。"

甘夫人接过书信，未读内容却先见到信末日期，竟已过去了数月，而曹、袁两军频繁交战，这期间什么事情都有可能发生。

"虽时日过去已久，但终归是有了消息，即使只有一分可能，也值得一试。"甘夫人看完信后说道。

关羽回道："云长也以为值得一试，所以才来禀告二位嫂嫂，此事就请二位嫂嫂定夺。"

"既有下落，便当寻去，无须迟疑。只是曹、袁二人交恶，想要离去怕会让叔叔吃些苦头。"糜夫人说。

"二位嫂嫂既已打定主意，云长即使拼上性命，也要去与大哥相见。"关羽语气坚定地说。

第二天，关羽去向曹操请辞，曹操可能是猜到关羽所为何事，故意推托不见。关羽的价值对于曹操来说是非常大的，曹操在内心深处并不想让关羽离开。一来二去后，关羽也就明白了曹操的真实意图。他把曹操给他的金银珠宝全部封装起来留下，又写书信一封，挂印离去。关羽这样的选择相当于辞官，与曹操断绝从属关系。但他不敢辞掉汉寿亭侯的封号，因为那是大汉天子给他的封号。

关羽辞别曹操的书信在《关帝全书》《关圣帝君圣迹图志》中均有记载："羽闻主忧则臣辱，主辱则臣死。曩所以不死者，欲得故主之音问耳。今故主已在河北，此心飞越，神已先驰。惟明公幸少矜之。千里追寻，当不计利害、谋生死也。"

史载："羽尽封其所赐，拜书告辞，而奔先主于袁军。左右欲追之，曹公曰：'彼各为其主，勿追也。'"

至于关羽坚决离开曹操的原因，一是与刘备的深厚情义。关羽重信义、重承诺。二是因为关羽对曹操心存芥蒂，因杜氏而产生，还有在许田狩猎时，关羽曾主张刺杀曹操，这都是二人之间难以调和的矛盾。

但是最重要的原因还是出于他对刘备的忠诚与信义。关羽宁辞千金之赏，也不肯背叛刘备，他始终把"义"看得比生命更重要，在"义"字面前，金钱、爵位、前途不值一提，他心中只有当年三人的盟誓之约。

第二节 汝南相会

关羽带了十个旧日随从，护送甘、糜二位夫人从许都城西门外霸陵桥出发，通过具茨山和箕山之间的山谷，一路向西北走官道而行。一个年岁较大的随从不解地问道："关将军，据属下所知，从许都去往邺城，最便捷的路当是经官渡至杜氏津过河，也可从延津或白马津过河，何故往西北绕道而去呢？"

关羽说："如直接向北，须穿过还在争战的兖州，不仅有危险，且湖泽荒地多，又无官道可行，怕是难以通过。再说，我们没通关文牒，行走在曹操领地，会不会被拦下，只在他一念之间，我今护送二位嫂嫂，岂可将大事寄托于侥幸？"

当时关羽确实不能直接向北而去，除了要提防随时可能反悔的曹操，还要避开袁绍，直接投到刘备处。因为关羽在官渡之战中帮助了曹操，所以袁绍对他的态度是显而易见的。所以关羽选择的路线应该是向西北方向，经洛阳，继续东进。关羽迫不得已之下选择的路线给车马行进带来了重重困难，他用了近两个月的时间才到达，所以《三国演义》中写关羽千里走单骑，过五关斩六将，先在东岭关斩孔秀；又在洛阳城杀韩福、孟坦；随后在汜水关击杀卞喜；到荥阳杀王植；在滑州黄河渡口刀劈秦琪。小说中这样写虽然有些夸张，但是表现了关羽忠勇的风范。

史载："曹公与袁绍相拒于官渡，汝南黄巾刘辟等叛曹公应绍。绍遣先主将兵与辟等略许下。关羽亡归先主。曹公遣曹仁将兵击先主，先主还绍军，阴欲离绍，乃说绍南连荆州牧刘表。"在正史中，虽然千里寻兄只有一句话"关羽亡归先主"，但不难想象，关羽一行一路上晓行夜宿，饥餐渴饮，十分艰辛。《三国演义》中写关羽一行人，先是在汝南与张飞会合，而张飞以为关羽不念旧情，已经降曹，不肯相信关羽，与关羽兵戎相见，并说道："兄长和子龙正在城东三十里与曹贼的部将、汝南太守蔡阳交战，如果你去把蔡阳杀了，便可证明你未变节。"

无论是《三国演义》中的"张飞擂鼓，关羽斩蔡阳"，还是传说中关羽用拖刀计杀蔡阳，在《三国志》中并无明确记载，但蔡阳为刘备集团所杀无误。史载："绍遣先主将本兵复至汝南，与贼龚都等合，众数千人。曹公遣蔡阳击之，为先主所杀。"这里的"为先主所杀"，可以解释为被刘备亲手斩杀或者被刘备手下的某位猛将斩杀。

无论关羽有没有斩蔡阳，他终于历尽千辛万苦回到了刘备营中。刘备见到关羽，惊喜交加，翻身下马，丢下手中双剑，轻唤"云长贤弟"，向关羽大步迎来，关羽做了同样的动作迎上去，兄弟二人紧紧拥抱在一起。张飞一见，哪还耐得住性子，也冲过来，抱住了被自己误解的二哥。三兄弟泪流满面，相对无言。没有什么语言能表达三兄弟此刻的心情！

关羽千里寻兄虽然被添加了许多情节，但这依然是一个奇迹。要知道在那个群雄并起的年代，战败后投奔更强大的敌人，是很正常的事情。而关羽始终最在意的是保护二位嫂嫂出入曹营不受伤害，他拒绝荣华富贵，拒绝封官授爵，时刻准备着为"义"而献身，这是十分难得的。

第三节 依附刘表

建安六年（201年）四月，袁绍兵败仓亭，元气大伤，这也使曹操北边面临的军事压力大大减轻。九月，曹操在腹背受敌的严峻形势之下，全面分析战争的态势，制订了一个冒险的行动计划，他决定采取北拒南征的方针，令曹洪坚守黄河前线，虚张声势，迷惑袁绍，吸引并拖住袁绍的主力；而他则亲率主力，从官渡前线返回亲征刘备。

刘备自知难以抵挡曹操大军，于是派麋竺、孙乾二人去荆州联络荆州牧刘表，表示愿意去投靠。刘表领荆襄之地已二十年，帐下人才济济，兵强马壮。听说刘备要来投靠，欣然同意，并让刘备暂时驻守新野。曹操忌惮刘表势力，没有继续追赶，将矛头再次对准了袁绍残余势力，抓紧了统一北方的步伐。

刘表，字景升，为皇族之后，早年因参与太学生运动而受党锢之祸牵连，被迫逃亡。党禁解除后，他被大将军何进辟为掾，出任北军中侯，后自请出任荆州刺史。刘表上任时荆州战乱频发，强敌环伺。他单骑入荆州，拜访、结交当时的豪强蒯越、名士蔡瑁。刘表任荆州刺史期间，恩威并重，招诱有方，使得万里肃清、群民悦服；又开经立学，爱民养士，终换来一方安稳。

刘备与汝南黄巾军首领刘辟在汝南帮助袁绍攻打曹操时，刘表没有出兵，但也不代表他看好曹操，他只是未看清眼前的局势，不知道帮谁更有利益，只想先守住自己这片领土。加上他年事已高、盘踞荆州已久，早已没有了勃勃野心，也渐渐消磨了斗志，虽然帐下人才济济，但他已经不可避免地开始走下坡路。

刘表让刘备据守新野，意图很明确，就是北拒曹操。刘备在新野落脚后，带着关羽、张飞、糜竺、孙乾等一班得力干将，往南郡郢城拜见刘表。

刘表知道刘备不仅是远亲，还是个有野心的英雄，他热情招待了刘备一行，十分热情地说："玄德是我的兄弟，早就想相见，只恨没有机会。如今贤弟屈尊惠临，实在是我的幸运！"他比刘备差不多年长二十岁，竟以兄弟相称。

刘备也不客气，微笑道："小弟实在无能，路过贵境，打扰了兄长，还望兄长不要见怪。

刘表说："你我有着同样的血脉，莫要见外。如今北边曹操虽收敛了锋芒，但真正的忧虑在于南越的不时侵扰，更有张鲁、孙权等虎视眈眈。"

刘表也是有苦难言。他最初占据荆州，依靠的是荆州地方势力，而今治理荆州依然受其制约。这地方势力是以庞、习、黄、蒯、蔡为首的家族，庞家以庞德公为首，蒯家是蒯良、蒯越，黄家是黄承彦，习家是习祯、习询、习竺等人，蔡家是蔡瑁之父蔡讽。荆州江北三郡皆被这些家族握于掌中，能给刘、关、张一小块落脚之地已是不易，能不能守住还不好说，要想得到更大地盘要看自己的本事。

刘备能体谅刘表的难处，于是谦虚地请教刘表，如何能在荆州立足。刘表略加思索，告诉他需要先去巴结这些豪族，再招贤纳士。关羽听了刘表的话，眉头直皱，他最讨厌的就是恶霸豪强依仗自己的权力、武力、财力，肆无忌惮地欺负百姓，所以他对刘表的话自然反感。而刘备却心领神会，不形于色，频频点头。

由于刘备的容人爱才之名远播，加上关羽、张飞、赵云等战将的影响力，刘备集团的号召力十分强大，荆襄一带不断有名人豪杰投靠、结交刘备，这也引起了刘表的警惕。

建安七年（202年），袁绍病死。九月，曹操率军与袁绍之子袁尚、袁谭战于黎阳，刘表派刘备率军出征。关羽随刘备前往，这时，刘备得到了他的第一位"高级参谋"——徐庶。

《三国演义》中写道，刘备到水镜山庄拜访名士司马徽，希望得到他的指点。司马徽见刘备十分虚心，对他说："荆州有卧龙、凤雏，得其中一位，就可平定天下。"刘备急着问："卧龙、凤雏是何人？"司马徽告诉他："卧龙者，隆中诸葛亮，字孔明；凤雏者，鱼梁坪庞统，字士元。"

这两人都是司马徽的学生，刘备对司马徽的话半信半疑，没有马上去寻此二人。但他仍在搜集人才的信息，他一边整军经武，施政治民，一边四处访贤问友。这一天，刘备去襄阳与刘琦（刘表长子）会面后，回到新野城，见到来新野投靠自己的单福。单福三十岁左右,中等身材,一张四方脸,面皮微黄,两道眉毛比较细长,带着秀气,双眸烁烁放光,高鼻梁,胸前散着三绺墨髯,一副儒士模样。

再问其经历,原来他还是个游侠之士。他姓徐名庶,字元直,颍川人,年少时喜欢练武习拳,尤好剑术,一心想做个侠客,结交了不少同道中人,因朋友与当地一家豪门恶霸结怨,他单枪匹马闯入恶霸家中,一剑刺死了那个恃强凌弱、为害一方的恶徒。徐庶得手之后,正要离去,不料被闻讯赶来的大批官差包围,因寡不敌众,失手被擒。官府把徐庶捆起来吊打,严刑审讯他,问他谁是幕后指使。徐庶出于江湖道义,始终不肯说出事情真相。他又怕因此牵连母亲,尽管受尽酷刑,也不肯说出自己的姓名和身份住址。官府用尽手段也一无所获,于是派人将徐庶绑在刑车的立柱上,击鼓游街,强逼老百姓来辨认他的身份。老百姓感激徐庶行侠仗义,为地方除去一霸,所以无人出面指认。官府也无可奈何,不能验明正身就没法入罪!后来,徐庶的朋友上下打点,费尽周折,才将其营救出狱。

刘备听了徐庶的经历,对他有了几分好感,又问他:"荆州(新野)当下的急务有哪些?"徐庶也不客气,当即提出三条:其一练士,夫王者率师,必简练英雄,知士高下,因能授职;其二屯田,自古圣人理国,或尚权以经纬,或敦道以镇俗,然皆以耕稼为急务;其三防奸,古之为君者,其虑敌深,其防患密。七术者,主之所执也;六微者,主之所备也。刘备听后,十分敬佩,于是拜他为军师。

徐庶上任后，立刻着手训练人马，练兵布阵。根据荆州河汊纵横、湖泊密布的特点，他还建议刘备训练水师。刘备接受了他的建议，派关羽往襄阳着手建立新水师，利用汉江进行训练。

在刘备的治理下，新野呈现出奋发蓬勃的新气象，史载"军民皆喜，政治一新"。

曹操把刘备的兵马彻底赶出汝南后，迅速整顿军队返回北方前线。在南线，刘备驻防新野，面对宛城（南阳）、汝南之敌。双方各自守着营寨，蓄势以待，表面看起来很平静，实则暗潮汹涌。

南阳原属荆州所辖，后被张绣占据，建安四年（199年）张绣降曹后，南阳被曹军占据。刘表有意借曹操在北面与袁绍作战之机，夺回南阳，便派刘备率军出击曹操。刘表此举很大程度上是一个阴谋，因为此时刘备在新野的名声比刘表还响亮，他暗中一直防备着刘备坐大，让刘备北伐，无论胜败，对他都没有多大损害，但刘备手下不到两千人马，显然力量不够。于是，他又给刘备增派了千余兵力。刘备自然能看出刘表是要让自己当垫脚石，不过，他也想借此机会，一来雪汝南之耻，二来给自己争取更大的生存空间。

建安七年（202年）六月，刘备出动全部兵马北伐南阳。关羽、张飞以及赵云各率其部，一路高歌猛进，势如破竹，一直打到叶县。这个地方离许都已经很近，曹操为确保许都安全，急令夏侯惇为主将，领兵三万迎击刘备。夏侯惇自领中军，于禁为右军，李典为左军。刘备兵锋受阻，此时已是孤军深入，又被重兵拦住，继续向前无疑是自寻死路。于是，刘备听从徐庶建议，下令三军后撤至阳城，与夏侯惇对峙，蓄势待机。

阳城是一片平地，往南有一大斜坡通往山里。徐庶对众将说："今曹将夏侯惇领三万人马追杀而来，我军深入敌境，又敌众我寡，不宜与他僵持下去。身后便是博望坡，是北通中原、南达荆襄的要道，夏侯惇追击我们进宛城、新野，必经此道。"接着，徐庶献计：火烧自家营垒，做出匆忙撤退的样子。

种种迹象使夏侯惇误判刘备已经无力再战，决定追击。李典劝阻夏侯惇说："刘备无故退走，必有埋伏。南边道路狭窄，草木丛生，不可贸然追击。"

夏侯惇不屑道："刘玄德本不善阵战，人马又不及我，即使有诈，也敌不过我三万大军，何足惧哉？"夏侯惇随即下令，三军全力追击，务必把刘备杀个片甲不留。夏侯惇得意忘形，指挥大兵继续往前冲杀，未几就进入了徐庶设定好的埋伏圈，被关羽、张飞、赵云杀得大败，损失惨重。赵云生擒曹将夏侯兰，李典率军来救，夏侯惇方才脱身。

史载："曹公既破绍，自南击先主。先主遣糜竺、孙乾与刘表相闻，表自郊迎，以上宾礼待之，益其兵，使屯新野。荆州豪杰归先主者日益多，表疑其心，阴御之。使拒夏侯惇、于禁等于博望。久之，先主设伏兵，一旦自烧屯伪遁，惇等追之，为伏兵所破。"

这一战事在《三国演义》中被归为诸葛亮的功劳，是诸葛亮出山后的首战。但从正史来看，诸葛亮此时二十二岁，还未出山辅佐刘备,无疑是和"关羽斩华雄"一样,是作者为了塑造诸葛亮的智慧形象而这么写的。而且,作者还添加了"火烧"情节,使故事更加精彩。

博望坡一战后,刘备、关羽一直屯扎在新野,招兵买马,广纳贤良,直到建安十年(205年),关羽才随刘备前往樊城。此时曹操的目光集中在北方,刘备得以度过一段悠闲的时光,约有八年时间。

博望坡之战,让刘备的名声更加响亮。这场战役从一开始就不是纯粹意义上的防守反击战或突袭战,而是一场人心之战。此时的刘表内心十分郁闷,深感"请神容易送神难",他"坐山观虎斗"的计策落空,刘备集团的快速膨胀已经威胁到了他。很多豪杰甚至弃刘表而去,投奔刘备,一来二去,刘表与刘备之间生了芥蒂。刘备虽然利用这短暂的和平期把新野治理得井井有条,但与地方贵族势力的利益冲突也越来越激烈。

第六章 结盟抗曹

第一节 诸葛亮出山

刘备、关羽在荆襄八年之久,始终不改匡扶汉室的初心。刘备一面招揽人才,一面却受到刘表的约束。此时,刘备集团一个重要的人物出现了,那便是诸葛亮。

诸葛亮,字孔明,琅琊阳都(今山东沂南南部)人。其父诸葛圭曾任泰山郡丞,在诸葛亮八岁时故去,诸葛亮随叔父诸葛玄南迁到豫章(今江西南昌)。诸葛玄后来投奔刘表,诸葛亮和弟弟诸葛均便在襄阳城西隆中躬耕于陇亩,结交名士,等待时机。刘备的出现,为他提供了一个机遇。我们熟知的"三顾茅庐"典故,是刘备请诸葛亮出山,而真实的历史却又和我们的"常识"有出入。

《魏略》中这样记载诸葛亮与刘备的际遇:

刘备屯于樊城。是时曹公方定河北，亮知荆州次当受敌，而刘表性缓，不晓军事。亮乃北行见备，备与亮非旧，又以其年少，以诸生意待之。坐集既毕，众宾皆去，而亮独留，备亦不问其所欲言。备性好结毦，时适有人以髦牛尾与备者，备因手自结之。

亮乃进曰："明将军当复有远志，但结毦而已邪！"

备知亮非常人也，乃投毦而答曰："是何言与！我聊以忘忧耳。"

亮遂言曰："将军度刘镇南孰与曹公邪？"

备曰："不及。"

亮又曰："将军自度何如也？"

备曰："亦不如。"

曰："今皆不及，而将军之众不过数千人，以此待敌，得无非计乎？"

备曰："我亦愁之，当若之何？"

亮曰："今荆州非少人也，而著籍者寡，平居发调，则人心不悦；可语镇南，令国中凡有游户，皆使自实，因录以益众可也。"备从其计，故众遂强。备由此知亮有英略，乃以上客礼之。

裴松之在《三国志》注引中补充道，《九州春秋》也是这样记录二人第一次见面的。从以上记载来看，是诸葛亮主动求见刘备的，诸葛亮是积极寻求入仕的，希望在刘备这里实现政治抱负。我们知道，诸葛亮常以管仲、乐毅自比，他的理想也是成为一代名相，匡扶汉室，而此时刘备便是一个好的选择。但是和刘备的一番对话下来,不难看出诸葛亮有些失望。而刘备对待诸葛亮的礼数明显是不足的,甚至有些漫不经心,诸葛亮便回到了隆中,这才再次引出刘备三请诸葛亮的事情。

诸葛亮回隆中之后,徐庶、司马徽、庞德公一再向刘备推荐诸葛亮,这才坚定了刘备要请其出山的决心。这里我们不妨借鉴一下《三国演义》中的情节,更加精彩、耐读。

刘备、关羽、张飞三人策马奔向南阳隆中,来到一小山村,遇上一个劳作的乡民,刘备打马上前询问诸葛孔明家在何处。乡民手指远处一小山冈说:"南边有道冈子,当地人称它卧龙冈,冈子前竹林中那几间茅庐草舍就是卧龙先生高卧之地。"

刘备三人朝山冈而去,行不远,便见一山冈蜿蜒起伏,好像一条等待时机腾飞的卧龙,山冈前一大片松林疏疏朗朗,山麓下一条小溪流水潺潺。"好一个幽静之地。"刘备赞叹一声,然后便下马步行。

张飞望去还有些路程,忙问:"大哥,离冈子还远着呢,您为何下马?"

刘备道:"三弟,快到孔明先生的家了,骑着马往前走是对人家的不敬,我们当牵马步行。"

三人穿过竹林,到茅庐前一看,茅庐旁修竹叠翠,幽雅宜人,似有几分灵气。

"大哥,你就等在这儿,我去叫门。"关羽说。

"还是我去吧,这样更有礼些。"刘备说着,便走到茅庐院门前,轻轻叩打门环。好一会儿,才有小童开了门,淡淡问道:

"你们是何人,来此找谁?"又朝外看了看关羽、张飞二人。

刘备施一礼道:"请回禀孔明先生,大汉左将军刘玄德带两个兄弟前来拜访先生。"

小童回礼道:"有劳几位贵客远道而来,不巧先生外出了,今日只怕是不得一见。"

诸葛亮不在家,刘备也不好多打扰,便打听他的去处和归期。小童回答:"先生踪迹不定,也不知归期。"刘备惋惜不已。张飞说:"既然没遇见,就回去吧!"刘备要他们等一会儿,关羽劝道:"不如先回去,以后先派人探听到确切消息再来。"刘备一腔热忱却吃了闭门羹,带着关、张怅然离去。

过了些时日,刘备带着关、张二人第二次拜访诸葛亮。比前次稍好,他们进了草庐院内,只见茅庐大门上写着一副对联:"淡泊以明志,宁静而致远。"可惜这次见到的是诸葛亮的弟弟诸葛均,诸葛亮外出闲游去了。刘备留下一封书信便走了。

转眼到了建安十三年(208年)新春,刘备料想这个时节诸葛亮不会出远门,于是派人去隆中打听,得到回报,诸葛亮确实回来了。刘备立即吩咐备马。张飞说:"这么一个乡野村夫,何必劳烦大哥亲自去一趟又一趟?待我前去把他绑来!"刘备斥责道:"怎可无礼!过去齐桓公想见东郭野人,往返五次才见到一面。孔明是当今大贤,我为得贤士,多来往几趟又有何妨!"刘备出门上马,关、张也只好骑马相随。

三人再次来到卧龙冈。时值晌午,刘备走到柴门前,刚一敲门,那小童又出来了。他告诉刘备说,先生正在午睡。刘备吩咐关、张二人在院外等候，自己轻轻走进院内，恭恭敬敬地站在茅庐门前的台阶下，等孔明醒来。关羽、张飞在外面站了很久，却不见任何动静。张飞耐不住性子，跑到院门前，见刘备仍然毕恭毕敬地站在那里，于是十分气愤地说："我哥哥侍立阶下，他竟然还睡午觉，这家伙也太傲慢了，等我去屋后放一把火，看他起不起来！"关羽再三劝说，才把张飞劝住。刘备仍叫他俩在屋外等候。

过了好长时间，诸葛亮才睡醒。他起身坐于床上醒脑，口中吟道："大梦谁先觉？平生我自知。草堂春睡足，窗外日迟迟。"

小童道："先生，有客前来。"

诸葛亮道："何不早叫醒我？快快请进屋中。"

刘备进入屋内，拱手说道："久闻先生大名，两次拜见，都未得见。"诸葛亮连忙说："将军光临草舍，没有及时迎接，怠慢之处，还请将军见谅。"

两人礼让一番后，就坐在草堂之上，边喝茶边谈论天下大事。刘备感叹道："自董卓之乱以来，汉室倾颓，奸臣窃命，主上蒙尘。我虽有匡扶汉室之心，却力有所不及，征战多年至今一事无成。我心中焦虑不安，故来请教先生。"

诸葛亮被刘备的诚心所感动，说："自董卓造逆以来，天下豪杰并起。曹操势不及袁绍，而竟能克绍者，非唯天时，抑亦人谋也。今操已拥百万之众，挟天子以令诸侯，此诚不可与争锋。孙权占据江东一带，已经三代。江东地势险要，物产丰富，现在百姓归附他，还有一批有才能的人为他效力。如此，也就只能和他联合，不能兵戈相向。"

接着，诸葛亮拿出一张手绘地图，分析了荆州和益州的形势，认为荆州是一个军事要地，可是刘表为人软弱，在曹操这样的强敌面前，是守不住这块地方的。益州土地肥沃广阔，向来被称为"天府之国"，可是那里的主人刘璋也是个懦弱无能的人，大家都对他不满意。这可能是上天留给刘备的机遇。

刘备听着，不禁频频点头。诸葛亮最后说："将军乃汉室后裔，信义扬于四海，如果能占领荆、益两州，稳定后方，悉心治理，积蓄力量，待民富军强时，便可联合孙权，对抗曹操。一旦时机成熟，就可以从荆州、益州两路进军中原。到那时，有谁不欢迎将军呢？如此，则大业可成，汉室可兴矣。"

刘备听了诸葛亮这一番精辟透彻的分析，豁然开朗，恳切地请诸葛亮出山，帮助他完成兴复汉室的大业。诸葛亮被刘备的真诚所打动，于是答应出山辅佐刘备。当天，诸葛亮即随刘备去往新野。

诸葛亮出山，为刘备绘制了一张宏伟蓝图，使刘备的思绪好似拨云见日，有了更加清晰的规划。

第二节 战略性转移

建安十三年（208年）诸葛亮出山后，发现荆州的局面非常复杂，他几乎每天都跟刘备在一起了解情况、分析形势、制定应对之策，两人甚至同食同寝。关羽和张飞看在眼里，内心很不高兴，他们以为诸葛亮年纪轻轻，不过是个多读了几本书、夸夸其谈的书生罢了，一定没有多大本事，怪刘备把他看得太高了。而刘备却说："孤之有孔明，犹鱼之有水也。愿诸君勿复言。"

此时曹操在消灭袁绍的残余势力后，听从郭嘉的建议，北征乌桓，彻底平定了北方，开始了南征刘表的准备。诸葛亮目光如炬，很快发现荆州刘表集团的内部矛盾复杂而尖锐。刘表有两子，长子刘琦，次子刘琮，二人都是软弱无能之人，但都想争夺刘表集团的继承权，刘琮因得到蔡瑁、张允的支持而处于上风。《三国志·蜀书·诸葛亮传》记载，失势的刘琦曾请教诸葛亮，诸葛亮劝他："君不见申生在内而危，重耳在外而安乎？"其时，甘宁献计，孙权斩杀江夏太守黄祖，刘琦听从诸葛亮建议，出任江夏太守。此时刘表已重病在身，面对北边势力越来越强大的曹操和东面觊觎荆州已久的孙权，他觉得自己已无力保住荆州，于是派人去新野找刘备来商议大事。

刘备不知所为何事，心中忐忑。他让关羽镇守新野，张飞带着五百人护送他去襄阳。随行的诸葛亮交代他说："主公此去有两件事千万注意，一是倘若刘景升让主公领兵去夺夏口，为黄祖报仇，主公千万不能答应，只推说兵力不够，要回新野整顿人马；二是如果刘景升说要把荆州托付给主公，那一定要答应，不管他是真心还是假意。"

到襄阳后，刘备与诸葛亮同去看望躺在病榻上的刘表。刘备见刘表面容枯槁，行将就木，不禁落下泪来。刘表拉着他的手，果然说起了诸葛亮预料到的事情。刘表说:"我儿不才,我死之后,弟便摄荆州。"

可是刘备的回答却让诸葛亮失望了,只听得刘备说:"兄长怎说出这样的话,备哪敢担此重任!"

过后,刘备解释说:"此人待我厚,今从其言,人必以我为薄,所不忍也。"因一个"义"字,刘备错失良机。但刘表依旧表刘备为荆州刺史,刘备回到了新野。

建安十三年(208年)七月,曹操在大本营邺城发兵十三万(号称二十万),分两路南下攻打荆州。刘表听说后病情加剧,连忙找来蒯越,立下遗嘱,让长子刘琦继任荆州牧。然而,蔡瑁和张允却坚决要次子刘琮继任,蒯越妥协了。刘琦从江夏赶回襄阳,想见父亲最后一面,竟被挡在城外不得相见。刘琦、伊籍等人终究斗不过蒯越、蔡瑁、张允等大权在握的一派。是年八月,刘表撒手人寰,十四岁的刘琮继任荆州牧。

曹军按荀彧的计谋——显出宛、叶而间(暗中)行轻进,以掩其不意。所以刘备在曹操大军进至南阳宛城、叶城时才得到消息,他慌忙把关羽、张飞、赵云、诸葛亮、糜竺、孙乾、糜芳等武将谋士招来商议应对之策,大家的一致意见是暂时撤离新野,退守樊城,并派人试探荆州方面的态度。

荆州有甲兵近十万,加上刘备的数万人马,与曹操尚可一战。可荆州派人送来消息,刘表已死,新任州牧刘琮在蒯越、蔡瑁等人的劝说下,已经献出襄阳,归降曹操了。刘备后悔莫及,但当务之急是赶紧撤退,避开曹操锋芒。

诸葛亮、徐庶等人又劝刘备："将军此时亡羊补牢还为时不晚，只要您下决心，进攻襄阳刘琮，可不费气力而得荆州。有城之固，拒沔水（汉江）而守，有半数胜算。"

关羽、张飞等人个个摩拳擦掌，嚷着要杀进襄阳城，诛叛贼，夺回荆州。

可是，刘备仍摇头不允："刘荆州临亡托我以遗孤，背信自济，吾所不为，有何面目以见刘荆州乎？"遂令各部人马迅速渡过汉水，退往南方。不过，刘备这一次倒是显得从容不迫，决定将百姓全部南撤，并对撤退的步骤、路线等做了精心安排。兵分两路：一路由关羽率领水军，乘数百艘船经白水、顺汉江向东南方向转移。关羽是刘备集团水军的开创者，在荆州时便一直执掌水军。一路由刘备亲率随军家属和百姓走陆路，向正南方向退却，初定目的地是荆州南郡郡治江陵城，由张飞、赵云率部掩护。

刘备南渡汉江，因襄阳闭城不纳，便绕行襄阳城东，经过刘表之墓时，还特去祭奠了一番。刘备的仁义和刘琮的懦弱高下立判，不少荆州旧将和百姓投靠了刘备，跟随刘备南下。伊籍也潜出襄阳城，来到刘备身边，并建议刘备以吊丧的名义入城，擒住刘琮，除掉蔡氏党羽。但刘备拒绝了，他明白一切为时已晚，即使杀了刘琮和蔡氏同党，也无法与曹军抗衡。

此时，徐庶、诸葛亮等再次劝刘备："当务之急是尽快抵达江陵，您却带着大批百姓，而拿武器的士卒数量不多，如果曹操的追兵赶到，如何抵御得了！"

刘备却说："夫济大事，必以人为本，现在百姓追随我，怎忍心将他们抛弃呢?"

曹操到襄阳时,闻听刘备已离去,马上派文聘、曹纯率精兵追击。曹纯的五千虎豹骑为天下少有的精锐,以每日三百里的行军速度追杀而来。果然如诸葛亮所料,刘备带着数十万百姓,无法组织起有效的抵抗,人人如惊弓之鸟,场面十分混乱。这下刘备终于慌了,忙令赵云保护自己的家眷,又令张飞殿后阻截曹军,自己带着诸葛亮等几十人逃走。史载:"曹公大获其人马辎重。"《三国志·蜀书·张飞传》也记载,张飞在长坂桥立马横矛,阻击曹兵,怒目大呼:"张益德在此,谁敢决一死战!"曹兵无一人敢上前,刘备等人也因此幸免于难。

史料中未记载曹、刘两军的交战,但是在长坂坡必然有一场激烈的战斗。在局部战斗中,除了张飞,还有一人表现得十分英勇,那便是赵云。《三国志·蜀书·赵云传》记述,刘备落败时,有人告诉刘备,赵云已经撇下他,独自逃往北边。刘备的反应是"以手戟掷之",并坚定地说:"子龙不弃我走也。"话音刚落,赵云杀到,前来救主。《三国志》评价赵云"当阳之役,义贯金石"。至于《三国演义》中对赵云血染白袍,护卫幼主和甘夫人的记述,也大体是符合历史情况的。而万军之中七进七出的说法,则仁者见仁,智者见智。

据《三国志·蜀书·诸葛亮传》记载,此战中,刘备的重要谋士徐庶的老母被曹军虏获,徐庶是孝子,得知这一消息后,被迫去了曹营。临行前他对刘备说:"本欲与将军共图王霸之业者,以此方寸之地也。今已失老母,方寸乱矣,无益于事,请从此别。"刘备与之依依惜别。

刘备此战损失极为惨重,不仅丢失了辎重装备,除关羽所部,自己的军队也被曹操瓦解。刘备率残部向汉津(今湖北钟祥境内)进发,正好遇上率水军南下的关羽。不久,赵云也护送刘备夫人和幼主赶到。一行人共同登船,与江夏太守刘琦的一万多士卒会合,前往夏口。

此时刘备集团前途未卜。关羽面对此景,不禁感慨:"往日猎中,若从羽言,可无今日之困。"他依然对当年在许田没有斩杀曹操感到惋惜。

而刘备告诉他:"是时亦为国家惜之耳,若天道辅正,安知此不为福邪?"

从《三国志》的这段记载来看,关羽的性格确实是敢爱敢恨的,他虽然不及刘备对全局有充分的考虑,但是他敏锐的洞察力和果敢的作风,依然不失名将之风。而关羽的水军,此时不但挽救了刘备,而且成为刘备与孙权成功结成联盟的重要筹码。

这一次大逃亡,成了刘备集团一个具有实际意义的拐点。曹操没有继续追赶刘备,而是把精力集中在对物资的抢夺和对城池的占领上。占领江陵后,他封赏了众将,又陆续收编了在荆州分散的兵力,势头更盛。得知刘备投靠孙权,他表现出了十足的轻蔑和不屑,据《三国志·吴书·吴主传》记载,曹操甚至给孙权写了一封具有恐吓意味的书信:"近者奉辞伐罪,旄麾南指,刘琮束手。今治水军八十万众,方与将军会猎于吴。"

第三节 孙刘联盟

孙权收到曹操的书信后,将其传阅于众臣,东吴众臣看后皆惊惧不已,纷纷劝说孙权向曹操臣服,这让孙权感到不安。

刘备也深感不安,诸葛亮给刘备做了一番分析:"曹操亲率大军南下,如此大动干戈,非只图荆州。何况如今荆州已得,依然大兵压境,必是另有所图。"

"先生是说曹贼有意图谋江东?"刘备问。

"不错。孙权不知曹操军力虚实,无法确定是战是和,故派人到江夏探听消息。我们现在唯一的办法是联合孙权,才有可能抗击曹操。"

刘备面露苦笑,懊恼地说:"我们已失荆州之地,又无强兵。以孙权的实力,他怎么可能与我联合呢?"

其时,孙权的大本营已从吴郡迁徙到京口(今江苏镇江),拥有吴郡、会稽、丹阳、九江、庐江、豫章六郡,以及江夏郡的一部分,无论是地盘还是军事实力都比刘备强不知多少倍。在刘备看来,孙权不可能轻易与他结盟。

诸葛亮反而笑了:"若说此前,我等前去投靠,他未必会接纳。可眼下有曹操的兵威,孙权定然主动找上门来,主公勿忧。"

诸葛亮确实是一个高瞻远瞩的军事谋略家,他看问题的角度与众不同,不仅洞察入微,而且思虑深远,一眼就能洞悉事情的本质。

果然不出诸葛亮所料,孙权的重要谋士鲁肃不久便前来拜访。双方探讨了曹兵的情况后,鲁肃又向诸葛亮发出邀请,去江东与孙权进一步商讨如何对抗曹操。

诸葛亮看着鲁肃说:"子敬,我家主公与孙将军少有来往,我去了怕是浪费口舌,达不成什么约定。"

鲁肃说:"先生的兄长就在江东,他也盼着与您相见。"

这时,曹操准备亲率主力及蔡瑁的水军,自江陵出发,沿长江北岸而下。他任命文聘为江夏太守,抢占江夏的北半部,同时命襄阳水军随同于禁、张辽、张郃、朱灵、李典、路招、冯楷七军出襄阳,沿汉水攻取夏口,然后配合主力渡江。诸葛亮对刘备说:"事急矣,请奉命求救于孙将军。"

刘备没再犹豫,一口答应。

诸葛亮随即同鲁肃去江东柴桑(今九江境内)拜见孙权,促成联盟之事。

诸葛亮此次代表刘备集团出使江东,处于十分不利的地位。而且诸葛亮初出茅庐,名不见经传,被人轻视也在情理之中,他已经做好了承受责难的心理准备,下定决心,哪怕丢掉性命,也要不辱使命。这才有了《三国演义》中舌战群儒的一幕。

虽然这场辩论只是《三国演义》的杜撰,但当时江东诸臣一直在战与降间摇摆难定,诸葛亮此番前来就是要帮他们下这个决心,结局也不言而明。

当然,逞口舌之快并不能促成孙刘联盟,共破曹操。能否结盟的关键在于孙权和周瑜两个关键人物，更在于能否切中孙吴的利益。于是，诸葛亮向鲁肃提出，要面见大将军孙权和大都督周瑜。

鲁肃十分高兴，因为他是坚定的主战派，让诸葛亮跟孙权面谈，可增强孙权抗曹的信心。他最担心的就是孙权同意与曹操讲和，在大兵压境之下，讲和实际就是投降，那江东已历三世的大业便就此终结。孙权也明白这个道理。

于是，鲁肃费了一番心思安排诸葛亮与孙权见面。因事关重大，鲁肃忍不住交代了诸葛亮几句："现今见我主，切不可多说一句曹操兵多。"诸葛亮笑着说："亮自当见机而变，不会有误。"劝说孙权，既要维护他的威严，又要为他分析利弊，切中要害，从东吴的实际利益出发，这才是打动他的关键所在。

诸葛亮同鲁肃一同来到大厅，他没有一丝一毫的自卑和胆怯。孙权见诸葛亮丰神俊朗，气宇轩昂，很客气地说："久闻先生足智多谋，而今大敌当前，此番前来想必有要事相商。"

孙权年轻英俊，仪表堂堂，一看就知非等闲之辈。诸葛亮对这个比自己还小一岁的江东之主也很尊敬，开门见山说道："自天下大乱以来，孙将军据江东拒曹，我主刘豫州在汉水以南聚集兵马，与曹操同争天下。现在曹操已铲除了他的劲敌，逐渐平定了北方，又南下破荆州，威震天下。不知将军有何对策？"他简要地说明了当前天下的局势。

孙权知道形势危急，毫不掩饰地说："曹操托名汉相，似虎如狼，挟天子以征四方。今曹操拥兵百万，倘顺流东下，是战是和,实难定夺。"他显然不甘心为曹臣。

诸葛亮沉思片刻,反客为主,故意激他:"如果不能与曹操抗衡,不如及早了断,归顺朝廷,不然恐大祸临头。"他这一番话,正好揭示了孙权当时的内心矛盾,他稍顿一下又道,"愿将军量力而处之。"

孙权心里十分不满,愤愤地反问道:"按孔明先生的说法,刘豫州为什么不投降曹操呢?"

看到孙权已经动怒,诸葛亮不禁暗自高兴,高声答道:"从前田横,不过是齐国的一个壮士,尚且能够不受屈辱,何况我主刘豫州乃王室之胄,英才盖世,众望所归,岂有投降之理?即使抵抗失败,那也是天意。投降曹贼,万万不能!退而言之,即便江东不战而降,我主还是会跟曹贼战斗到底。我主作为汉室宗亲,如今大汉风雨飘摇,匡扶汉室乃我主宏愿,只要我主有一口气在,必然会同那曹贼血战到底!"

孙权顺势接过话头说:"既然刘豫州都不降,我江东实力远胜过他,又岂能将东吴的大片土地和十万人马拱手相让!"孙权想了想,又说道,"我想清楚了,如今除了刘豫州,已经没人敢对抗曹操了。只是刘豫州本来可以和我一起抗曹,如今他吃了败仗,已经没有什么力量了。"

诸葛亮见孙权动心了,趁热打铁道:"非也。我主虽在当阳遭挫,可是失散的士兵已纷纷归来,加上关将军的水兵,还有一万多人,刘琦的江夏士兵也有一万。而且这些劫后余生的将士皆痛恨曹操,斗志旺盛。曹兵虽号称八十万,实际上不过十几万,加上荆州的数万降兵,充其量二十余万而已。况且,曹兵主力从北方赶来,日夜兼程,已是强弩之末。再者,北方人不善水战,而荆州的百姓归附曹操,多是迫不得已,不会真心为曹操卖命。将军还有什么值得害怕的呢?"

诸葛亮将敌我态势分析得十分清楚,还用了一些激将法,鲁肃听了连连点头。孙权也下决心与曹操决战,准备与群臣,尤其是与周瑜商讨后,与刘备联合抗曹。

《资治通鉴》完整地记录了诸葛亮和孙权的对话:

曹操自江陵将顺江东下,诸葛亮谓刘备曰:"事急矣,请奉命求救于孙将军。"遂与鲁肃俱诣孙权。亮见权于柴桑,说权曰:"海内大乱,将军起兵据有江东,刘豫州收众汉南,与曹操并争天下。今操芟夷大难,略已平矣,遂破荆州,威震四海。英雄无用武之地,故豫州遁逃至此。将军量力而处之:若能以吴、越之众与中国抗衡,不如早与之绝;若不能,何不按兵束甲,北面而事之!今将军外托服从之名,而内怀犹豫之计,事急而不断,祸至无日矣。"

权曰:"苟如君言,刘豫州何不遂事之乎?"

亮曰:"田横,齐之壮士耳,犹守义不辱;况刘豫州王室之胄,英才盖世,众士慕仰,若水之归海。若事之不济,此乃天也,安能复为之下乎!"

权勃然曰:"吾不能举全吴之地,十万之众,受制于人,吾计决矣!非刘豫州莫可以当曹操者,然豫州新败之后,安能抗此难乎?"

亮曰："豫州军虽败于长坂，今战士还者及关羽水军精甲万人，刘琦合江夏战士亦不下万人。曹操之众，远来疲敝，闻追豫州，轻骑一日一夜行三百余里，此所谓'强弩之末，势不能穿鲁缟'者也，故兵法忌之，曰'必蹶上将军'。且北方之人，不习水战；又，荆州之民附操者，逼近势耳，非心服也。今将军诚能命猛将统兵数万，与豫州协规同力，破操军必矣。操军破，必北还；如此，则荆、吴之势强，鼎足之形成矣。成败之机，在于今日！"

权大悦，与其群下谋之。

第二天，孙权便把周瑜召回，商讨此事。

周瑜是一个文武双全的奇才，有"王佐之资"，自二十一岁起便随孙策一起平定江东，为江东孙氏打下了一片天地。孙策遇刺身亡后，孙权在周瑜的鼎力支持下，接管了江东军政事务。孙权视周瑜如兄长，凡军政大事必请教周瑜。

在讨论是战是降时，长史张昭等说："曹公，豺虎也，挟天子以征四方，动以朝廷为辞。今日拒之，事更不顺。且将军大势可以拒操者，长江也。今操得荆州，奄有其地，刘表治水军，蒙冲斗舰乃以千数，操悉浮以沿江，兼有步兵，水陆俱下。此为长江之险已与我共之矣，而势力众寡，又不可论。愚谓大计不如迎之。"

周瑜是一个强硬的抗曹派，他不容置疑地反对道："不然。操虽托名汉相，其实汉贼也。将军以神武雄才，兼仗父兄之烈，割据江东，地方数千里，兵精足用，英雄乐业，当横行天下，为汉家除残去秽。"

他见众人不再出声，又说道："表面上看，我们似乎寡不敌众，但只要分析曹军的实际情况，便可知曹操是外强中干。如今北方尚未完全平定，马超、韩遂还驻兵函谷关以西，是曹操的后患。曹军战线太长，首尾不能相顾。况且，舍弃北方士卒擅长的鞍马，改用船舰，与生长在水乡的江东人来决一胜负，实在不是明智之举。现在正是严寒之季，战马缺乏草料。中原地区的士兵远道跋涉来到江东，水土不服，必然会发生疾疫。这几方面是用兵的大患，而曹操已犯了这几大忌。我们活捉曹操、建功立业，正在今天。"周瑜这番话，扭转了朝堂之上的局势，令群臣激奋，纷纷表示誓与曹操决一死战。

于是，孙权让大家详议军队调集及部署等具体事项和分工。有人主张把江夏、樊口的兵力东撤，缩短长江防线，布重兵于柴桑至秣陵（东吴建都之始改称建业，今南京）一线。有人则主张派出精干水陆两军，支援樊口、江夏，万一败了，也有退路。

诸葛亮发表意见说："退守柴桑实不可取。虽然防线缩短了可以集中兵力抵御强敌，但曹军的战线同样缩短了，更能集中悍兵一攻而得。倘若柴桑守不住，那么整个江东地盘都恐有失。不如集结精兵于樊口、江夏，待机主动出击。"

周瑜原本不相信诸葛亮有什么军事才能，但诸葛亮的这个主张竟然与他的想法不谋而合，他更不希望曹军踏入江东地盘。周瑜站起身，坚定说道："我请求率领精兵五万人，进驻樊口，保证为主公击破曹操！"

孙权见众人无异议，说道："五万精兵一时难以集结，但可三日内挑选三万人，且战船、粮草及武器装备也一并备齐。你和鲁肃、程普率兵先行，我继续调集人马，多运辎重、粮草，作为你的后援。你若能战胜曹军，就当机立断；如果失利，就退到柴桑来，我当亲自与曹操决一胜负。"于是，孙权任命周瑜、程普为左、右都督，分别带领万余人西进，与刘备人马会合；又任命鲁肃为赞军校尉，协助谋划。孙、刘联盟至此形成。

十一月中旬，周瑜的船队进抵樊口，士兵立即乘马回营报告刘备，刘备不敢怠慢，立刻派糜竺前去犒劳江东将士。这时周瑜摆谱对前来慰劳的人说："瑜欲见玄德公，共议良策，但无奈有军务在身，不能离开。如果玄德公能屈尊前来会面，瑜当面聆听教诲。"

既然是有求于人，刘备自然得放下身段，于是赶紧乘一只小船去面见周瑜。二人礼节性寒暄一番后便直入主题，刘备说："孙将军审时度势，做出抵抗曹贼的决策，的确是明智之举。不知大都督带来多少将士？"周瑜说："三万余人。"

刘备略感惊讶地说："三万人马可挡曹军乎？"

周瑜说："孔明先生说，刘将军帐下三万人马，全部归本都督听用，这便足够了，将军且看我一举击败曹军！"

刘备听周瑜这般言语，想叫来鲁肃再做交涉。周瑜不客气地说："本都督接受军令，不可随意更改。如果您有其他事情要见鲁肃，那请自便。"

刘备听到周瑜有如此把握，既惭愧又高兴，一时不知如何作答。他答应把大部分人马派给周瑜调度指挥,只让关羽、张飞各领两千人单独行动,任务是在陆地上截击曹军。

第四节 赤壁之战

建安十三年(208年)十一月初,关羽率二千余人(多为水兵)乘船从夏口入汉江逆行,在汉江与夏水交汇处(今仙桃市境内)建起一道防线,以切断曹操与江陵曹仁的联系,并提防襄阳的曹军顺汉江而下。

夏水是一条季节性河流,冬季水浅,已不能行船,关羽便率所部人马登岸扎营驻防。

十一月中旬,孙刘两军合兵一处,然后逆水西进,在赤壁与曹军遭遇。周瑜命水军前锋副都督程普带领丹阳都尉黄盖、中郎将韩当迎战,校尉甘宁、中郎将蒋欣率主力接应。曹操则派降将蔡瑁、张允迎战。曹军初战不利,退到江北乌林,孙刘联军则驻扎在南岸,两军隔江对峙。

此时,曹操大军饱受疫病侵扰,战力大降,对峙下去于曹军不利。为了解决北方士卒不习水战的难题,曹操把舰船首尾相连,上铺阔板,人可渡,马亦可走。这时,黄盖向周瑜献上"诈降火攻"之计。火攻的关键是要借助风势。诸葛亮精通天文气象,推算出了起东南风的日期——十一月二十日甲子时。这一天,黄盖依计而行,放火之后,火势趁着东南风,不但烧了曹操的舰船,而且蔓延到岸上营寨。孙刘联军战鼓震天,势如破竹。曹操看到这种情形,知大势已去,既懊恼又无奈,下令焚毁全部舰船,不留给孙权、刘备。

曹操带着败兵向江陵撤退。但从乌林到华容道之间是一片湖滩,又刮着大风,道路泥泞难走。曹操见前军停马不进,问道:"何故不前?"军士回报说:"前面山僻路小,因早晨下雨,坑堑内积水不流,泥陷马蹄,不能前进。"曹操大怒,叱道:"军旅逢山开路,遇水搭桥,岂有泥泞不堪行之理!"《三国志·魏书·武帝纪》载,曹操下令让那些感染了疫病的士兵背着柴草在前方填路,再让骑兵一冲而过,而前方那些身体羸弱的士兵多被踩踏而死。付出了很大代价后,曹操才走上华容道。从史料上看,刘备确实曾安排关羽到华容道堵截曹操,但此时关羽的注意力全放在可能从江陵而来的曹军援兵上,根本没有想到曹操这么快就败了,来晚了一步。曹操从他的南边(相隔几十里)擦肩而过逃走了。自然也就不存在"关羽华容道上义释曹操"之事。《三国演义》中为了凸显诸葛亮未卜先知和关羽义薄云天,特意安排了这一情节。要知道当时关羽的军队仅有一千至两千人,要堵截仍有七八万之众的曹军,是不可能的。

曹操从赤壁战场败归江陵,重新调整了军事部署:命折冲将军乐进把守襄阳;曹仁把守南郡,横野将军徐晃平剿中庐、临沮、宜城等地的山匪夷族,并策应曹仁;增派满宠驻守当阳,文聘驻守江夏郡北。曹操料到孙刘联军会来夺荆州,晋封曹仁为征南将军,并叮嘱他务必守住荆襄,尤以南郡江陵为要。

赤壁之战,最终以孙刘联盟胜利,曹操失败而告终。由此,三国鼎立的局面初步形成。

此战曹操失利,除了将士疲惫、不善水战外,关键的一点就是曹军中的疫情。赤壁之战后,曹操曾给孙权修书一封:"赤壁之役,值有疾病,孤烧船自退,横使周瑜虚获此名。"虽然有为自己开脱的成分,但《三国志·魏书·武帝纪》和《三国志·吴书·吴主传》都记录了此事,曹操所言不虚。刘备集团在此战中发挥了重要的作用。《三国志·魏书·武帝纪》中记载:"公至赤壁,与备战,不利。"《三国志·吴书·吴主传》中也写:"瑜、普为左右都督,各领万人,与备俱进,遇于赤壁,大破曹公军。"东吴的记录应该不会夸大刘备的作用。而刘备集团中,此战的绝对主力应该是关羽。虽然史料没有明确记载,但是关羽是刘备集团水军的最高指挥者。赤壁大战后,刘备对关羽的封赏是这样的:"先主收江南诸郡,乃拜封元勋,以羽为襄阳太守、荡寇将军。"这可以反映出关羽在赤壁之战的关键作用。

此后,孙刘联军也拟定了新的作战计划:孙权亲自率兵进军合肥,周瑜攻打江陵,刘备则负责向江北攻打徐晃并拦截他和乐进,不让他们增援江陵。

诸葛亮一眼看透了周瑜的计谋,这是让刘备为他挡住强敌,让东吴占据南郡,独享好处。刘备当然不甘长久屈居人下,他也要为自己谋一份利益。建安十四年(209年)初,周瑜围困江陵攻打曹仁,刘备发兵协助。曹操担心江陵有失,即命徐晃、乐进增援,而关羽的任务便是阻截徐晃、乐进。他自知兵力不足,决定主动出击，出其不意打乱曹军的部署和节奏。《三国志·魏书·徐晃传》载，徐晃、满宠与关羽战于汉津，但是战斗结果并未记载，应该是平手，或者徐晃小胜。

此时周瑜和刘备正围攻南郡江陵，刘备听说荆州南四郡都归顺了曹操，而孙权已派吕蒙去征讨，心中十分不甘。诸葛亮向刘备建议，帮周瑜打下南郡江陵城后再行计议。刘备便令张飞领千余人马为先锋，参加攻打江陵的战斗。

被困在江陵的曹仁没有及时得到增援，把招募的几百新兵派出城与联军交战。眼看几百新兵就要全军覆没，曹仁不顾劝阻，亲自披甲出城救援。曹仁此举，极大地激发了曹军守城将士的士气，一直坚持到徐晃的人马赶来。

关羽虽然费力拖住了徐晃，但周瑜没有一举拿下江陵城，关羽又白白地吃了一次败仗。周瑜见曹军援兵来了，便调整部署，暂不围攻江陵，只留下中郎将凌统所部人马与曹仁隔江对峙，令校尉甘宁、中郎将蒋钦带数百人马去攻打曹军把守的临江郡（由曹操增设）彝陵（又名夷陵，今宜昌市东南）。彝陵是通往巴蜀的咽喉之地，攻占彝陵也在周瑜打通长江通道、进军巴蜀的全盘计划之中。

刘备见周瑜收手，于是按诸葛亮先前的谋划，以帮助联军筹措粮草为由，退到长江南岸的油江口（今公安县城西）屯驻，暗中图谋攻打荆州的江南四郡。

甘宁、蒋钦很快打下彝陵，但是曹仁也往彝陵派去六千援兵，截断甘宁的退路。甘宁向周瑜求援，周瑜亲自带领程普、吕蒙解救出甘宁，然后从江北再攻江陵城，但依然未有进展，周瑜还被乱箭所伤。

这个时候，孙权与曹操争夺淮南的战斗越来越激烈，第一次合肥之战进入高潮，徐晃、乐进的一部分人马被调去了东线合肥战场，徐晃、乐进又退回襄阳。驻守江陵城的兵力薄弱。联军这边，与周瑜不和的程普也被调走了，周瑜便放手猛攻江陵城，带伤指挥战斗，士气大振。曹仁损失惨重，只得弃城突围。

关羽仍在江北打游击，史载："刘备与周瑜围曹仁于江陵，别遣关羽绝北道。"曹操命汝南郡太守李通配合奋威将军满宠（驻兵当阳）去解救曹仁。李通一路上猛攻关羽，表现得很勇敢。关羽在道上布置鹿角阻止曹军骑兵突进，李通下马亲自去将鹿角处理掉。但在临近曹仁的包围圈时，他得了急病，死于途中。

前前后后花了将近一年时间，周瑜终于打下江陵城。孙权任命周瑜为偏将军，领荆州南郡太守；程普为裨将军，领荆州江夏太守；黄盖为荆州武陵太守；全柔为荆州桂阳太守，"蛋糕"全然没有刘备的份。早有准备的刘备向朝廷上表推荐刘琦为荆州刺史，以刘琦的名义发兵出征江南四郡，趁机抢占了武陵、长沙、桂阳、零陵。

第七章 镇守荆州

第一节 刘备借南郡

刘备集团攻占江南四郡不久,刘琦病死。刘备在众人的推举下,领荆州牧。孙权同意将南岸之地分给刘备,刘备在油口建立大本营,改名公安,终于有了自己的基业。刘备开始封赏帮助自己开创局面的元勋:拜诸葛亮为军师中郎将,督零陵、桂阳、长沙三郡;关羽为襄阳太守,荡寇将军,驻江北;张飞为宜都太守、征虏将军;赵云为桂阳太守、廖立为长沙太守、郝普为零陵太守。

江东大都督周瑜听说刘备以不到两万人马就拿下荆州四郡,而他有水陆大军近五万,仅拿下偏远的彝陵和荆州南郡,而今刘备又自领荆州牧,大封群臣,这让他十分不安。

此时,孙、刘、曹都在打着各自的算盘,局面变得非常复杂。刘备最想要的是南郡,而南郡在周瑜手里,刘备便想亲自去向孙权"借"。史载:"刘表故吏士多归刘备,备以周瑜所给地少,不足以容其众,乃自诣京见孙权,求都督荆州。"此说容易让人产生歧义,刘备既已自领荆州牧,何须向孙权求请都督荆州?南四郡是刘备打下的,又何来周瑜给地少之说?且孙、刘为合作关系,这里所说的请求,求的是周瑜占据的荆州南郡。而刘备向孙权"借"荆州,显然要的也只是南郡。

借与不借让孙权颇费脑筋。周瑜既然担任南郡太守,从东吴的利益出发,万不愿意割让土地给刘备,立刻上疏孙权道:"刘备乃当今英雄,而且有关羽、张飞这样的猛将,绝对不是长久屈居人下的人。我认为现在最重要的是把刘备留在吴地,为他建造宫室,赠送美女古玩;再把关、张分开,各置一方,大事可定。"但孙权认为曹操在北方势力太大,应该广泛招揽英雄人物才能与之抗衡,所以没有采纳周瑜软禁刘备的意见。

而鲁肃劝孙权把南郡借给刘备,一方面可以此地安抚刘备,坚定他抵抗曹操的决心;另一方面,曹操对南郡势在必得,这块烫手的山芋不妨交给刘备,以作为东吴的战略缓冲。孙权眼见荆州将被刘备侵蚀殆尽,自己又被曹操挡在淮南,双方持久纠缠,进退两难,于是决定把自己的妹妹孙尚香嫁给刘备,以进一步巩固孙刘联盟。《三国志·蜀书·先主传》载:"琦病死,群下推先主为荆州牧,治公安。权稍畏之,进妹固好。先主至京见权,绸缪恩纪。"

刘备虽然抱得美人归,但还没有"借"到荆州南郡。恰在此时，五斗米教系师张鲁入侵刘璋据守的川蜀（刘璋已降曹），这一消息又激起了周瑜西进巴蜀的想法，他兴冲冲赶往京口向孙权请示："现在曹操虽陈重兵于淮南，但他更担心自己内部发生变乱，一时半会不会进攻濡须口。请允许我同奋威将军孙瑜（孙坚侄子）一起进军攻取蜀地，得蜀后再吞并张鲁，然后留孙瑜固守，以便与马超结援呼应，我再回来抗击曹操，这样攻取北方就有希望了。"孙权觉得淮南暂无战事，不如乘机西进，也许会有意外收获。于是，他发还给周瑜原班人马，放手让他西征。

建安十五年（210年），大约在夏季，周瑜率领数万水陆大军西进川蜀，至巴丘（今岳阳境内）时，他的箭伤复发（另说染疫病），因营中条件有限，随行军医束手无策，建议他暂时撤回大本营疗养，后择机再图巴蜀，但被周瑜拒绝。至十二月，周瑜伤势迅速恶化，终告不治，一代风流人物、江东大都督周瑜病逝于巴丘。

周瑜之死，不仅使他"西控巴蜀、图谋北方"的宏大计划宣告流产，也让孙权如失一臂。孙权遵周瑜遗嘱，让程普接任南郡太守。刘备又乘机向鲁肃提出"借"荆州要求，鲁肃为了维护孙刘联盟，再次劝孙权借荆州（南郡）给刘备。这次，孙权终于答应了。

这是政治需要，也是大势所迫，东吴集团需要一个替他们看护大门的守卫，刘备愿意去驻守荆州南郡，这对东吴是有利的。

刘备"借"得荆州（南郡）后，把它交给关羽治理。刘备依旧驻守公安。至此，诸葛亮制定的前期目标基本实现，荆州成为真正属于刘备的第一块根据地，三足鼎立局面形成。

第二节 关羽治荆州

荆州地处长江中游、江汉平原腹地。上古大禹划野分州，荆州为天下九州（冀、兖、青、徐、扬、荆、豫、梁、雍）之一，以境内的荆山而得名。刘表治理荆州时，辖南阳、南郡、江夏、武陵、长沙、桂阳、零陵七郡。曹操攻取荆州后，从南阳郡划出一部分增设南乡郡（治所在章陵县），从南郡划出一部分增设临江郡，从南郡和南阳郡各划出一部分增设襄阳郡。荆州土地区域未变，只是增设了三郡，所以荆州便辖十郡了。刘备领荆州牧后，荆州依然辖十郡，但把曹操增设的三郡改了两郡的名称，南乡郡称章陵郡，临江郡称宜都郡。而后，孙权又从长沙郡中划出部分设汉昌郡，这样荆州便有了十一郡。

关羽的一生，起于涿州，战于徐州，殁于荆州。他人生的巅峰时刻在荆州，败亡亦在此。

荆州在东汉末年为兵家必争之地。在刘表的治理下，荆州之地政治清平，免遭战火。除了大量百姓前往定居，大批的能人贤士也汇聚于此，如诸葛亮、徐庶等。荆州经济繁荣，地理位置也十分特殊，位于东西、南北水陆的要冲。诸葛亮曾评价荆州："北据汉沔，利尽南海，东连吴会，西通巴蜀。"《读史方舆纪事》评价："襄阳者，天下之腰膂也。中原有之，可以并东南。东南得之，亦可以图西北者也。"

此时，荆州为曹、刘、孙三股势力的交汇处，此前荆州几郡频繁易主，争夺十分激烈。

关羽最初治理的荆州，实际上仅是荆州南郡。荆州江南四郡，则是刘备、诸葛亮、赵云在治理，且各郡都派有郡守。鲁肃和诸葛亮都认为南郡水流顺北，外带江汉，内阻山陵，有金城之固，沃野万里，士民殷富，若据而有之，此帝王之资也"。可此时的南郡不仅饱受战火摧残，民生凋敝，而且四周强敌环伺，曹仁虽被曹操调去关中作战，但东面仍有文聘，北面有满宠、徐晃、乐进，南郡依然是一个火药桶。

关羽不仅要整顿军备，还要兼顾民生发展。一个武将要治理民生经济，此非其所长。他本想从刘备那里把糜竺请来协助自己，可在刘备集团，糜竺的地位并不比他低，他不好意思驱使糜竺。于是，关羽仿效刘备在南郡及周边访贤求才。伊籍在刘表手下为官多年，对地方名士豪族比较了解，他向关羽推荐了一人，这人就是出身于沔南豪门世族的廖化。

这一天，关羽、伊籍等三人来到东荆河畔，走在乡间小路上，四望满目春色。堤旁开满了不知名的野花，蜿蜒的绿色河堤花香自绕，煦风拂面送来阵阵芬芳。田头地间，有一伙人正在挖掘沟渠，一派热火朝天的建设景象。关羽有些恍惚，猛然想起河东家乡的河，似曾相识。离家征战三十年，家乡的河还是老样子的吗？

关羽正想着，听得伊籍说："关将军，这里就是沔南了，我去向人打听一下廖家的位置。"

关羽也走近挖渠的那群人，问一个小哥："小兄弟，你们是何人，又在此忙些什么？"小哥听了，自豪地说道："这是我家先生带着逃难的难民和本县的民众开春种田呢！我家先生自归来后，兴田亩，修水利，还教我们读书呢。"

关羽问："你家先生是何人？"

小哥正要说下去，伊籍向关羽招手喊道："关将军，快过来这边！"

关羽忙走过去，看见一青年拉着一头牛，套好轭头和铁犁，一扬牛鞭，耕牛在前面走着，扶犁拉犁的人也不吃力，土地被翻得又深又齐。

伊籍指着耕地的青年说："他就是廖化。"原来，廖化正带着几个木匠、铁匠和老农研究曲辕犁，亲自下地操作。

伊籍把关羽介绍给廖化。关羽正想施礼，廖化上前扶住他："在下廖化，久仰关将军大名，今日有幸相见，幸会，幸会。"

关羽赞道："廖兄弟少年老成，可谓奇才。"

廖化摆摆手，说："关将军谬赞了，如若不弃，可往府上一叙。"

关羽到了廖府，只见他家囤积的粮食如小山一样，供养万人的队伍吃一年也不在话下。

关羽问："你家如何囤得这么多粮食，兵荒马乱的就不怕盗匪来偷抢吗？"

廖化说："这一带多河汊湖泊，盗匪不易藏身，也没法快速进退，况且大家族都养了私兵，又挖有深壕护卫，一般盗匪奈何不得。"

关羽点点头，对廖化说："我主刘皇叔据荆州以抗曹贼，匡扶汉室，共争天下，亟需廖兄弟这样的能人贤士。今日冒昧造访，便是想为我主求才荐贤，不知小兄弟是否有心入仕，为国效力？"

廖化展颜一笑："化自幼立志为国为民效力。刘皇叔仁德天下皆传，今得遇明主，自当效犬马之劳。"于是随关羽去了南郡郢城。

廖化一到荆州，就提出了"整武齐文，以农商生财，以财助军武。荆州乃云梦之野，据两江之利，宜多造舟船，便交通，训练水军，固城廓"的治理之策。关羽觉得廖化确有真才实学，便任命他为主簿，负责管理文书簿籍、印鉴、钱物。关羽开始加强对荆州的建设。驻军屯田，囤积粮草，造船，训练水师步卒，广布侦骑，疏通直达汉江的内河（城东有运河经长湖通汉江，城南有季节性河流可通长江），修缮江陵城，一桩桩事务安排得井井有条。

到了建安十六年（211年），曹操派征西将军夏侯渊出兵河东，结果关中诸将皆反。曹操只得亲自西征关中，曹仁为安西将军，督领诸将拒守潼关。

益州牧刘璋听说曹操将派兵到汉中征讨张鲁，顿时心中恐惧，便听信手下张松、法正之言，迎接刘备进入益州，想借刘备之力抵抗曹操。

世间之事多有巧合，刘备恰好也有进军益州的打算。虽然诸葛亮建议待荆州实力稍强一些后再进益州，可是这时又有一个与诸葛亮齐名的高人投到刘备门下，此人就是被称为"凤雏"的庞统。

庞统，字士元，襄阳人，投刘备后被任命为治中从事，后与诸葛亮同为军师中郎将。他对荆州之地十分了解，而且在真实的历史中，他的军事才能是要高于诸葛亮的。他认为荆州历经战火已经荒残，且东有孙权，北有曹操，不可久居。而益州国富民强，户口百万，可以作为久居之地。此时正是谋图益州的大好时机，万不可错过。刘备接受庞统建议，当即决定入益州。

而刘璋那边，主簿黄权极力劝阻刘璋，从事王累也将自己倒吊在益州城门上劝阻刘璋，但刘璋全然不予理睬。

刘璋的部下分成了两派，一派主张"迎"，一派主张"拒"。为了消除刘璋的顾虑，刘备带庞统、黄忠、魏延等率兵两万入益州，留下诸葛亮协助关羽、张飞、赵云等老部将守荆州南郡及南四郡，可见刘备最看重的依然是荆州。刘璋自成都往涪陵亲迎刘备，推刘备为大司马，并给刘备增兵，让刘备去汉中讨伐张鲁。刘备兵力已达三万，向北走至葭萌关便停了下来，准备攻打刘璋，袭取成都。

刘备走后，诸葛亮移驻武陵郡。张飞从宜都郡转到南郡。赵云为留营司马，移驻南郡。孙夫人及其他将领的家眷也都来到荆州城内。这个时候，荆州南郡依然危机四伏，被强大的对手挤压。曹操派出的襄阳守将乐进觊觎南郡，对关羽骚扰不断，并进击临沮（位于湖北宜昌市远安县）、旌阳（位于湖北枝江市北部），征讨刘备任命的临沮长杜普、旌阳长梁大，此二人都被乐进击败（或说被杀）。此时江夏的文聘也欲向西扩张。关羽采取以攻为守的办法，北拒乐进，东战文聘。

当时曹操调集军队，进攻濡须口，孙权向刘备求助。关羽率三千军士攻打青泥关，牵制曹军。双方各有胜负，不相上下，关羽、苏非攻青泥关不得，便撤回江陵。

为了应对江夏的文聘，关羽东渡汉水，在汉津、荆城与文聘交战。因文聘在荆州有内应，对关羽活动了如指掌，当关羽携带辎重屯军汉津时，文聘得到内应通报，施计烧掉了关羽的粮草辎重，紧接着又在荆城烧毁了关羽的战船。关羽铩羽而归。《三国志·魏书·文聘传》记载文聘此战"攻羽于汉津，烧其船于荆城"。可见荆城是关羽水军主力之所在，他在此建造船只、训练军队，所以才会引起曹军的注意。

南郡的治所有郢城、江陵城、荆州城这么多称呼，到底是怎么回事呢？通常的说法是，公元前689年楚文王从丹阳迁都于郢，营建都城，称郢都城。因该城建于纪山之南，郢城又称纪南城。到战国后期白起火烧郢都之后，秦置南郡，郡治设在郢城（纪南城）。在郢城之南十余里，是楚国的官船码头和渚宫，置江陵县后，在官船码头和渚宫附近修建县城，即为江陵城，因"地临江""近州无高山，所有皆陵阜"而得名。关羽治理荆州后，荆州治所也在江陵城，故又称荆州城。

关羽把江陵城（今荆州古城）的城墙加宽加高，并开挖了数丈宽的护城河。护城河通过内河可直通汉江，不仅给出兵北伐带来便利，也使城内商贸多了一条通道，商贸业初现兴盛景象。

第七章 镇守荆州

青泥关之战关羽虽败,但也成了刘备进攻刘璋的导火索。刘备曾写信给刘璋,再次请求增派一万军队和粮草:"乐进在青泥关与关羽相拒","关羽兵弱,不往赴救,进必大克,转侵州界"。刘璋发现刘备并未去征讨张鲁,而是另有所图,至于营救关羽,有张飞、赵云等人足矣,于是只派出四千军队。与此同时,刘备在刘璋处的内应张松被发现了。刘璋杀了张松,并告知诸将警戒刘备。刘备大怒,下令全线进攻益州。建安十九年(214年)初夏,刘备攻打益州战事告急,诸葛亮接到刘备抽调荆州大军入蜀增援的指令。刘备让诸葛亮安排增援之事,为了避免有人抗命,诸葛亮请关羽出来主持这次军事会议,与张飞、赵云、糜芳、马良、刘封(刘备收的养子)等共议。

关羽说:"荆州暂时安全无虞,不如就让我与益德速速入川去增援。"

张飞连忙说道:"二哥不能走,若是二哥走了,只怕荆州就不姓刘了。"

诸葛亮接过张飞的话说:"张将军说得对,确保荆州不失比进军巴蜀更要紧,关将军继续镇守荆州才能让主公放心。我看还是让张将军、赵将军各率一队人马和我一同入蜀为好。"诸葛亮虽是商量的口气,实际上已经拿定主意,几位将军都没有提出异议。

荆州这边,糜芳任南郡太守屯江陵,将军傅士仁屯公安。另外留马良、赵累、廖化、关平、周仓等辅佐关羽坐镇荆州。

关羽感到重任在肩,不敢怠慢,向诸葛亮请教方略:"镇守荆襄，当以何策应之？"

诸葛亮对关羽说："北拒曹操，东和孙权。此八字，君切记之！"

几支军队会师后，开始进攻成都，但围攻三个月依然未果。直到马超前来投奔刘备，不到一周的时间，刘璋出城投降，刘备夺取了益州。

诸葛亮、张飞、赵云入川后，关羽独镇荆襄，为了守卫荆州劳心费力，片刻不敢松懈。刘备也正式对关羽委以重任，《三国志·蜀书·先主传》记载："先主西定益州，拜羽董督荆州事。"关羽被刘备委以代理荆州之职，已然成了荆州的"无冕之王"。而关羽的傲气，也开始逐渐滋长，成为他日后兵败身死的祸根。

其间，马超来到了刘备帐下，关羽对其不屑，便给诸葛亮写信，问马超之才可与谁相比。诸葛亮知道关羽的性格，绝不会居于人下，便给他回信："马超虽然文武双全，勇猛过人，为当今之英雄，但他只能与张飞相比，不能和飘逸英武的关将军相提并论。"关羽收到回信，非常兴奋，让宾客传阅诸葛亮的回信。

曹、刘、孙三大力量，从各自立国图强、建立勋业的政治目的出发，为据有荆州这块战略要地展开了持久的征战争夺，他们各出奇谋妙计，继续上演着惊心动魄的故事。关羽坐镇荆州，荆州与他的一生结下了不解之缘。他人生中最辉煌的时期与最后的谢幕，都在这里上演。此时的关羽，独镇荆州，当之无愧。他的文韬武略和忠诚毋庸置疑，又在保卫荆州的诸多战役中立下汗马功劳，无愧于诸葛亮对他的评价。

第三节　单刀赴会

建安十九年（214年），刘备夺取益州，自领益州牧。此时刘备集团与孙权集团的矛盾也逐渐显现。

《三国演义》中这样描写东吴的反应：

孙权听闻刘备已夺益州，对诸将和谋士说："诸位，当初刘备借荆州，说取了西川就把荆州归还。现在刘备已得巴蜀四十一州，不知荆州何时能回我东吴。"他让众人发表高见，如何讨要荆州。最后大家议定，先让诸葛亮的兄长诸葛瑾为使者去见刘备，当面索还荆州。

第二年春，曹操见刘备已取得益州，顾虑刘备必然要攻取汉中，于是抢先一步，率十万大军亲征汉中张鲁。曹操出兵汉中把刘备吓得不轻，就在刘备惊魂未定之时，成都又来了一位不速之客——诸葛亮的兄长诸葛瑾，他奉孙权之命出使益州。刘备听闻诸葛瑾到来，便问诸葛亮："孔明先生，令兄此来不知所为何事？"

诸葛亮回道："还能为何？必是孙仲谋让他来讨荆州。"

他知道刘备是明知故问，当初是刘备与江东有约在先，而且是他亲自与鲁肃约定，怎么这么快就忘了呢？

刘备忙问："这可如何是好呀？"履约，他舍不得荆州；不履约又担心失信于人，坏了他大半生才博取的好名声。

诸葛亮淡定自若地说道:"主公,此事不可强拒,只能想法拖延。到时候您看我眼色行事。"

第二天,诸葛瑾来见刘备,呈上孙权的亲笔书信。刘备依诸葛亮安排,看信后表现得异常生气,最后敷衍说:"我正计划图取凉州,等凉州平定后,我再把荆州还给你。"

此时诸葛亮出场,哭着对刘备说:"主公啊,我兄长此番前来,一家老小都被孙权扣下,倘若我们不归还荆州,我兄长全家都将被杀,我这做弟弟的也不能独活呀。望主公看在我的面上,将荆州还给江东吧。"

诸葛亮再三哭求,刘备也装作无奈地说:"那看在军师面上,分荆州一半还给孙将军。"他说完就提笔给关羽写信,在信中吩咐将长沙、桂阳、零陵三郡还给江东。临了,他还叮嘱说:"我弟云长性子火暴,他发起火连我都很害怕,子瑜兄(诸葛瑾字)见了他要小心为好。"

诸葛瑾这才转忧为喜,拿着刘备的书信匆匆赶往荆州,向镇守荆州的关羽索取三郡。他全然不怀疑,一向讲信义的刘备和自己的兄弟诸葛亮会演这么一出戏给他看。诸葛瑾见到关羽,说明来意,并拿出了刘备的亲笔信。果然,关羽顿时就没有了好脸色,阴声沉气地说:"先生莫不是在与我玩笑,荆州三郡乃我兄弟立命之地,岂有轻易让给他人的道理?"

诸葛瑾又求道:"关将军,既然刘皇叔有命,您总得听从。请您还给我们荆州三郡吧。"

关羽没好气地说:"虽然我主公给军师面子,愿还三郡,但子瑜当知,将在外君命有所不受。"

诸葛瑾只顾说好话,但关羽一点情面也不讲,冷哼一声:"子瑜,你不要再讲了!若再无理纠缠,只怕你想走都走不了。"

诸葛瑾这才明白自己被刘备三人算计了。他立马赶回江东,向孙权汇报。孙权得知刘备如此无赖,雷霆震怒,骂道:"狡猾的恶棍,竟敢耍诈!"他立刻找来鲁肃商议对策。鲁肃说:"在这个乱世之中没有奸诈和虚伪,只有强弱与高下。正所谓成者英雄败者贼。"

孙权怒道:"荆州非要不可,哪怕与刘备翻脸!"他立马往长沙、零陵、桂阳三郡派遣了长吏。但关羽把这三个长吏强行赶走了。孙权怒火中烧,下令吕蒙督领鲜于丹、徐忠、孙规所部二万人攻取长沙、零陵、桂阳三郡,又派鲁肃率万人屯巴丘以抵御关羽。孙权亲自到陆口(蒲圻口,今嘉鱼境内)坐镇,指挥调度。吕蒙的三路大军杀到长沙、桂阳,这两郡很快被降伏了,只有零陵太守郝普不肯降。

诸葛瑾被刘备、诸葛亮、关羽戏耍的事情,史书上并无记载,《三国演义》这么写无非是想表现刘备集团几人之间的默契。

刘备西定益州之后,孙权确实有向刘备索要零陵、桂阳、长沙三郡,并采取了一系列措施。

他首先派人接回了妹妹孙尚香。《汉晋春秋》记载:"先主入益州,吴遣迎孙夫人。"《赵云别传》中也记录了此事,刘备与孙尚香的婚姻仅维持了三年。然后,孙权派诸葛瑾到益州拜访刘备，要求归还诸郡，刘备推说夺得凉州后，再归还荆州。这让孙权十分气愤，向零陵、桂阳、长沙三郡派出长吏，但被关羽全部驱逐，最后才使用了武力。

刘备面临被两面夹击的危险，如何化解危局，让诸葛亮等一班谋臣很头痛。他们的一只眼睛死死盯着汉中，另一只眼睛盯着江东孙权。到了这年夏天，形势变得明朗起来，诸葛亮大胆向刘备建议：从益州分兵援助荆州。

刘备久经沙场，岂不知这样做要冒很大风险？但他此时除了绝对信赖诸葛亮外，别无选择。于是，他亲自率领五万大军火速东下，以对抗孙权。这样做或许还有更长远的谋划：如果孙权退让，那么可以顺势助关羽夺襄阳。刘备在公安与关羽会合后，即命关羽率三万人马赶至益阳。孙权见关羽人马多，又令吕蒙马上赶来益阳给鲁肃助威。吕蒙用计把零陵郡的郝普降服后，回师与孙皎、潘璋一起向鲁肃靠近，至益阳与关羽对峙。关羽知道东吴的将领们不是等闲之辈，以他的性格，绝不会惧怕，但为了不破坏孙刘联盟，他尽力避免更大的冲突。在史料中，关羽镇守荆州前后九年时间，从未主动与东吴交战。

曹操平定汉中后，虽然有实力南进拿下益州，但肯定会付出很大代价，而益州对于曹操而言，远没有江淮地区重要，花大代价得益州，实际上是得不偿失；其次，曹操亲征汉中，孙权必然会在淮南地区有大动作，与荆州江南四郡相比，孙权显然更希望能以较小的代价占据被人们视为国之中心的江淮，所以不会在北拒曹操的同时，与刘备开战。

是年五月，曹操攻克河池，斩氐王窦茂；七月，曹军进至阳平关（今陕西勉县西北）。张鲁听说阳平关失守，逃往巴中。曹操进军南郑，尽得张鲁府库珍宝。曹军在汉中形势一片大好，川蜀的门户已经洞开，如果旌旗继续南指，攻下巴蜀也未可知。

这时，曹操丞相府主簿司马懿和谋士刘晔都劝曹操一鼓作气，南进拿下益州。司马懿首先向曹操建议："刘备以诈力虏刘璋，蜀人未附而远争江陵，此机不可失也。今克汉中，益州震动，进兵临之，势必瓦解。因此之势，易为功力。圣人不能违时，亦不失时矣。"他言简意赅地阐述了入蜀的大好时机：刘备以不光彩的手段夺取益州，人心并未完全归附，统治根基不稳；孙、刘之间产生矛盾冲突，为争夺荆州闹得不可开交，到了兵戎相见的地步，刘备今已分兵守荆州，蜀中守备力量薄弱；刘备培植了一批新生力量，如果不及时铲除，势必会养虎为患。他列出这些有利条件后，又强调有利时机不可错过。

刘晔也向曹操进言："今举汉中，蜀人望风，破胆失守，推此而前，蜀可传檄而定。刘备，人杰也，有度而迟，得蜀日浅，蜀人未恃也。今破汉中，蜀人震恐，其势自倾。以公之神明，因其倾而压之，无不克也。若小缓之，诸葛亮明于治而为相，关羽、张飞勇冠三军而为将，蜀民既定，据险守要，则不可犯矣。今不取，必为后忧。"

尽管二人晓之以理，动之以情，但曹操依然不为所动，他感慨道："人苦无足，既得陇，复望蜀耶？"意为人要知足，不能得寸进尺，贪得无厌。他做出一个令众人不解的决定——班师回朝。他的这一决策,虽然保守,却不失稳健,甚至可称之为高瞻远瞩。

因为孙权正想借曹操西征汉中之机,一举拿下合肥(今安徽合肥北)。孙权于八月率十万大军去围攻合肥,在益阳与关羽对峙的吕蒙、孙皎、潘璋都随他去了淮南,鲁肃自然不敢再动手。

在东线合肥战场,张辽率军击败孙权军队,孙权和殿后的队伍被围。部将凌统亲率三百亲兵冲入重围相救,甘宁则引弓掩护。吕蒙、蒋钦死战拒敌追兵,偏将军陈武战死。因撤退路上的渡津桥已被曹军所毁,亲近监谷利让孙权抓着马鞍、松开缰绳,谷利在后面突然加鞭,马受惊而跃,孙权借跃马之力才得以过桥。这是孙权最危险的时候。

与此同时,关羽与鲁肃还在益阳对峙。因孙权、吕蒙在合肥战场新败,刘备又带来援军屯驻公安,想以武力强索荆州只怕已无可能。鲁肃一向主张以和谈解决双方争端,因此,他向关羽发出谈判邀请,请他到东吴来商谈和议之事。

关羽接到鲁肃之邀后,与众将商议此事。关羽部将纷纷劝说:"关将军,想来宴无好宴,会无好会,您切不可以身犯险呐。"

关羽风轻云淡地说道:"战国时期赵国人蔺相如,手无缚鸡之力还能奋不顾身出使敌国,我身经百战连死都不怕,还有什么可怕的?"

关羽又说:"鲁肃邀我前去,是为荆州之事。鲁肃善辩,我如果不去,便是惧怕东吴,岂不让主公蒙羞?"

诸将闻言不再劝阻,但是要求关羽多带些精兵良将前去,以保安全。

关羽说道："兵多而见疑，不若单刀前去，而让东吴不敢妄动。"

三天后，关羽带了壮士周仓等十余个随从，轻舟入江。这天一早，鲁肃来到岸边翘首遥望，不一会儿，江面上果然来了一只大船，船上有十几个水手，船头有一面红旗在空中飘扬，旗上有斗大的一个"关"字。船头坐的正是关羽，他头戴青巾，身穿绿袍，肋下佩剑。旁边站着一稍矮壮汉周仓，手里攥着关羽的作战利器长柄大刀。关羽身后站着十来个侍卫，每人一口腰刀，威风凛凛。

关于双方会谈的地点，《三国演义》中讲是位于益阳的鲁肃军营，但根据史料，是靠近关羽一方的益阳某开阔处。《三国志·吴书·鲁肃传》详细记载了此次会谈的经过："肃邀羽相见，各驻兵马百步上，但请将军单刀俱会。"

鲁肃一再重申几年前借荆州是刘备亲赴江东谈好的协议，应该有效，关羽则反复强调荆州几郡是刘备替刘琦收复的，借荆州只是客套说法，他根本不承认要"还"荆州这回事。

鲁肃坚持说："我家主公不过镇守江东六郡，怎会无故把荆州借给刘皇叔呢？还不是因为皇叔当时确实没有立足之地。而皇叔也曾说，得了益州就把荆州还给我们。现在既得益州，却多次推脱归还荆州之事，恐怕于情于理都说不过去。"

关羽还未开口，其帐下便有人抢话说："夫土地者，惟德所在耳，何常之有！"史书没有记载说话的是何人，但是《三国演义》中说此人是关羽心腹周仓,而且从这种带有几分无赖的争辩来看,确实不似文官马良等人说的,我们就当是周仓所言。

鲁肃呵斥:"此何人也?我与关将军商谈要事,怎能随意插嘴?"

这时,关羽的处理彰显大将风度。为了防止矛盾激化,关羽怒目对手下人道:"国家大事,岂容你在此多嘴,退下!"之后,关羽给予了鲁肃正面的回应:"乌林(赤壁)之战,我家主公与东吴合力破曹,却未得一寸土地,而足下如今却来讨要土地。鲁将军只知道借荆州当还,难道不知破曹之功也当赏吗?将军应该对此感到羞耻才是!"

鲁肃立即不客气地说道:"刘皇叔损害道义,破坏孙、刘两家盟好,已得益州,又占荆州,贪而背义,恐为天下所耻笑。"二人皆不肯让步。

最终,迫于曹操的压力,刘备不想与孙权分道扬镳。在权衡荆州与益州的重要性后,他选择了益州,再次派人与孙权讲和。孙、刘将荆州分割,以湘水为界,江夏、长沙、桂阳归属东吴,南郡、武陵、零陵归属刘备,史称"湘水协议"。在衡山县西北一百二十里,吴都督程普与关羽共铸铜柱为誓,双方就此罢兵言和。

《三国演义》的描写中,关羽在鲁肃面前表现出了英雄气概,却忽略了自己肩负的使命和诸葛亮对他的嘱托:"关公推醉,右手提刀,左手挽住鲁肃手,亲热之中又带有几分杀气,'今天饮酒,我已经醉了,莫要再提荆州之事,担心我这刀伤了故旧之情。改日我再请到荆州赴会,再作商议。'鲁肃被他一提,挣脱不得,早已吓得魂不附体,暗藏的刀斧手也只好作罢。到了船边,关公才放了鲁肃,拱手道谢而别。鲁肃如痴如醉,半晌才缓过气来。"

三郡激烈的争夺让关羽再次意识到了荆州的重要性。荆州处于曹、孙、刘三家的交会之处,又无险可守。为了守好此地,不辜负刘备的信任,关羽加强了江陵城的防御,用三年时间修建了江陵南城,屏卫江陵,并设置了多重防线,积极扩充军队,补足兵员,主要用于防备江东。

第八章 威震华夏

第一节 风雨欲来

赤壁之战后,曹操将主要精力放在朝中,不断剪除异己,巩固扩大自己的影响力。他不仅在朝中飞扬跋扈,凌驾于皇权之上,甚至逼迫献帝废后。而他自己"进公爵为魏王",乘坐六匹马驾的车,头戴只有皇帝才有资格佩戴的"十二旒冠冕"。这些大逆不道的行为,都显示出他对皇位的觊觎之心,加上当时北方瘟疫四起,他却增加百姓的赋税,采用严刑峻法,以致人民饥疫,盗贼不禁,刑人满市。曹操的倒行逆施引起了天下人公愤,反曹事件屡屡发生,有不少人希望依托刘备势力,还政献帝。

建安二十三年(公元218年)正月,太医令吉本以治疗瘟疫为名,借机在许都组织了一场上千人规模、针对曹操的军事行动。许都的一批效忠于汉室的官员,少府耿纪、司直韦晃及金祎等纷纷响应,夜袭曹操在许都的留守将军王必,火烧王必军营,王必被射中肩膀,身受重伤。

几个秀才造反,由于谋划不周,又缺少军队支持,很快被王必和颍川典农中郎将严匡镇压,行动以失败告终。

三月前后,曹操在西线汉中战场又有突破,骑都尉曹休、参军曹洪及阴平氐首领强端击破刘备军,张飞、马超率军从下辩退走。曹休将任夔、吴兰斩首。随后,刘备又调陈式进攻马鸣阁道,也被曹军平寇将军徐晃击败。四月,乌桓部落的一个首领无臣氏在北方作乱,曹操之子曹彰大破叛变的乌桓军,又迫使鲜卑部落投降,曹彰也因此一战成名。曹操在西、在北已经取得了完胜。

然而,战场形势往往瞬息万变。吉本等人的起义虽然失败了,但曹魏统治区的不安定因素自此持续发酵。

七月,刘备亲自出战,在汉中与曹军形成对峙局面。战争有了扩大的趋势,曹操也于九月亲率大军抵达长安,作为汉中的后援。同时,为了减轻西线的压力,曹操派征南将军曹仁驻军樊城,统领南方的军事,准备进攻关羽驻守的荆州。为了准备作战物资,曹仁大肆征税并让百姓服徭役,治下军民苦不堪言。

十月,本来已经归顺曹操多年的南阳宛城终于被逼反了,这次还是官民一心,宛城守将侯音与卫开带头,号召百姓一起反曹,还派人同关羽取得了联系,希望得到军事援助。

曹操感到事态严重,于是派曹仁把准备进攻荆州的主力以及降将庞德的人马派往宛城平叛,庞德自告奋勇做先锋。曹仁的兵马杀到宛城,遭到侯音与卫开的激烈抵抗。曹仁持有假节(代行君令的标志物),他果断号令全军雷霆出击,以优势兵力猛击叛军。关羽还没有得到任何情报,曹仁就下令对宛城进行残暴屠戮,宛城一夜之间沦为黑暗而血腥的地狱。二十多年前,曹操曾在宛城经历过一生中最惨痛的一场败仗,让他刻骨铭心,往昔平剿叛贼张绣的情景还历历在目。曹仁是曹操的堂弟,对此事一清二楚。他对叛军和宛城百姓毫不手软地施暴,一是帮曹操泄愤,二是为了能尽快回军南下进攻关羽,以策应在汉中作战的夏侯渊、徐晃、张郃。

建安二十四年(219年)正月,刘备自汉中阳平渡过沔水,顺山势隐蔽疾行,迂回到阳平关侧后之定军山(今陕西勉县南),依据险要地势,待机歼敌。曹军征西将军夏侯渊为摆脱被动局面,与荡寇将军张郃联手在定军山防御,并布下了大片鹿角为障。刘备攻打张郃不克,写信要求益州拨发援兵,然后趁夜放火烧掉曹军营外的鹿角。夏侯渊派张郃去修复南围鹿角,并亲自率轻装士兵去修复东围鹿角。刘备派遣讨虏将军黄忠居高临下突袭夏侯渊,黄忠"一战斩渊",又立即从南围鹿角攻向夏侯渊大营。曹军大败,张郃同败军一起退守阳平关东。

与此同时,曹仁平叛后回军樊城,立义将军庞德奉命驻扎在樊城北十里。曹操又派左将军于禁率军协助曹仁一起对付关羽。也就是说,在关羽进攻襄、樊前,曹军也已经在布置进攻关羽的荆州军,只是双方都在寻找一个有利于己方的战机动手罢了。

第八章 威震华夏

建安二十四年可谓大灾大难的一年，似乎所有的事情都没有按人们预先的设计进行。

关羽在多方收集情报，继续派人密切关注汉中和襄阳、南阳的局势变化，但他得到的总是不确切的传言，或者说是迟到的消息。不过以他敏锐的洞察力分析判断，一切都在发展变化着，局势对他越来越有利，出兵北上的条件日趋成熟，现在他只是在寻找一个更为稳妥的时机。

夏侯渊战死后，曹操亲率大军抵达汉中地界，进驻阳平关。原本计划协助曹仁攻打荆州的于禁所部，变成了曹操的后备队，不敢轻动。曹仁攻打荆州关羽的计划自然也就无法马上实施了。

刘备和曹操都把最强主力集中到了汉中，刘备方参战将领有张飞、马超、赵云、黄忠、法正、黄权等，曹操方有曹休、曹真、曹洪、张郃、徐晃、郭淮等，双方展开了一场巅峰对决。主战场以定军山为中心，你攻我守，你进我退，月余间互有胜负。到了比耐力、拼军备粮草的时候，诸葛亮为了确保补给线畅通无阻，把蜀中的妇孺老弱都用上了。曹操则先行派遣曹真为征蜀护军赶到汉中，专门对付高翔守护的刘备军补给线，但最终未能成功。而黄忠、赵云袭击曹军粮道反倒很成功。

这时，曹操犯了刘备曾经犯过的错误，下令将汉中的百姓数十万全部迁出去。适逢夏天雨季，道路难行，迁徙对百姓而言"甚于伏法"，不仅失去财富，还一路病饿逃亡，造成"类多灭门，少能还者"的惨状。因此而死的人比战死的还要多。

刘备逐渐在汉中形成优势。坐镇荆州的关羽知道这是北伐襄、樊的大好时机，作为一个优秀的将领，关羽是不会放过这种机会的，他准备一战拿下襄、樊。于是，关羽对荆州南郡的防务进行安排，命将军傅士仁驻守公安，并加强对长江沿岸瞭望台的守卫。又命零陵郡北部都尉习珍及其弟习宏协防。南郡太守糜芳驻守荆州城，治中从事潘濬协防，总管后方事务。

可是，就在关羽出发前夕，将军傅士仁、南郡太守糜芳二人因喝酒误事，导致军营起火，不仅烧毁营帐，还使军器粮草被烧毁了不少。关羽怒不可遏，下令将二人处斩。都督赵雷等人极力劝阻，说二人身份特殊，战前斩将不吉利。最后关羽虽赦免了二人死罪，却各重责四十军杖，还发下狠话："好好守城，接应粮草，稍有差池，回来再收拾你们！"

糜芳是刘备的舅兄，傅士仁是刘备的同乡，自小就要好，他们二人虽口头认错，心里却很是不服，甚至怀恨在心。

这段小插曲丝毫没有动摇关羽出征的决心，箭在弦上，不得不发。七月，他亲率大军三万余人，水陆并进，向汉江南岸的襄阳和北岸的樊城进发。

关羽刚刚率部出城，益州前部司马费诗匆匆赶到荆州，带来了一个好消息：曹操从汉中退军，刘备占领了汉中。七月，在群臣的拥戴下，刘备在沔阳（今陕西汉中市勉县旧州铺村）自称汉中王。刘备又派遣蜀将孟达、刘封进攻曹魏上庸，上庸太守申耽投降。关羽听了，欣喜若狂，备受鼓舞。可他哪里知道，曹操从汉中撤军对刘备来说是件天大的好事，对他自己来说则将带来灭顶之灾。

费诗向关羽传达汉中王刘备旨，拜关羽为前将军，假节钺，都督荆襄事。原来，刘备做了汉中王以后，就开始封赏功臣了，其中许靖为太傅，法正为尚书令；关羽为前将军，张飞为右将军，马超为左将军，黄忠为后将军，赵云为翊军将军，五人同称"五虎上将"。

为了表示重视，刘备特意派益州前部司马费诗前往荆州，给关羽授前将军的大印。关羽见到费诗以后，便向他打听此次授将军印的都有何人，听费诗一一报名之后，关羽略带怒色、愤愤不平地说："大丈夫终不与老兵同列！"竟不愿接受封赏。

这是怎么回事？关羽位列"五虎上将"之首，为何不愿接受封赏？原来，关羽把"五虎上将"的其余四人一一掂量了一番：张飞、赵云是与自己出生入死的兄弟，是实至名归；至于马超，他早就名声在外，前来投奔刘备的时候，关羽曾经想与之较量，终被诸葛亮化解，后来马超也为刘备立下了许多功劳；黄忠追随刘备的时间并不长，属于一名降将，没有建立什么功劳，且年纪已经很大。所以，关羽的傲慢再次发作了，他哪瞧得起这位老将，便当着费诗的面发起了牢骚。

费诗对关羽还是很了解的，知道该如何对症下药。只见费诗不慌不忙，心平气和地劝解起关羽来："关将军，古往今来，凡是能成就帝王之业的人，都知人善任，会驱使各种各样的人才。汉高祖做平民百姓的时候，萧何和曹参就跟他关系非常好，后来又为他打天下，立下汗马功劳；陈平和韩信都是在其他地方混不下去，才来投奔的。后来汉高祖天下在手，论功行赏的时候，韩信的封赏最高，可从来没听说萧何和曹参有过怨恨。主公这次尊崇黄忠，完全是出于黄将军一时的功劳，但是在他的心中，黄忠怎么能和您相提并论呢？再说，汉中王和您有同生死、共患难的交情，那黄忠怎比得上分毫？我认为您不应该计较此事。话说回来，我就是一个使者，接受了命令，来您这里传达消息。您要是不接受命令，我大不了就这样回去了，可我实在觉得事情不应该是这样的，深深地为您感到惋惜，恐怕您以后会后悔的。"

费诗这番话，让关羽如醍醐灌顶，他是个明理之人，一名优秀的将领应该顾大局，识大体，胸怀宽广。于是他马上接受了封赏。

其实在加封黄忠前，刘备和诸葛亮已经猜到了关羽的反应，诸葛亮提醒刘备，关羽对黄忠被加封将军一事必然耿耿于怀，请刘备思考对策。刘备给出的方法就是派能言善辩的费诗前往荆州，此举确实达到了刘备的预期目的。这也说明，刘备的政治头脑和御人手段，关羽是不能比拟的。刘备称王后，关羽得到的封赏在武将中是最高的："前将军"位列将军之首，而"假节钺"者权力很大，不仅可以代行帝王旨意，还可以调动军队，掌握生杀大权。将其授予关羽，表示刘备要加大关羽的职权，也表明关羽在刘备集团中的特殊地位，但这些进一步滋长了关羽的傲慢。

曹操丢掉汉中之后，没有回邺城，而是一直坐镇长安，关注着刘备的动静，他担心刘备趁着攻取汉中、东三郡的势头，进一步北进关中，那样不仅可把关中抢走，还可为关羽牵制曹军兵力。但是刘备并没有北进的意思，仅在汉中沔阳举办了一个称王仪式就回成都了。曹操终于长舒了一口气。

然而，关羽仍义无反顾地出师北伐，使得曹操不得不死死盯住荆州。双方都在密切地注视着对方的一举一动，为预防各种意外事件而全神戒备。任何一个动作都有可能牵动对方敏感的神经，双方所面临的形势是相似的，都在做着同样的事情。各种力量都在做着准备，蓄势以待，也都在谨慎地行动，寻找向敌人下手的时机。

战争的幽灵一直盘旋在人们头顶。

第二节 水淹七军

八月初，关羽的主力大军进抵襄阳、樊城。曹军驻守襄、樊二城的正是曹仁，他在驻守荆州江陵时与关羽打过交道，两人算是老对手了。曹仁为征南将军，持假节，自主权可不小。不过，他将主将大营设在了汉水以北的樊城，令章陵太守吕常镇守襄阳城，似乎让人看不懂。

襄阳城雄踞汉水中游，西靠羊祜山、凤凰山诸峰；滔滔汉水环绕城北、东、南三面，地势险要，有"华夏第一城池"之称，自古被誉为"铁打的襄阳"。而汉水对岸的樊城却被看作是"水做的"，只因其所处地形往往在受到进攻时十分被动。

这天，曹仁召集部将吕常、满宠、庞德、阎行等人商议防御部署，忽有军士来报，荆州水师抵近樊城。

曹仁脸上的神色顿时凝重起来。部将吕常愤然说："请督帅给我五千人马，阻击敌军于襄阳之内。"

曹仁阻止说："不可。吕太守还是赶紧回襄阳，按先前所议，固城坚守，不得出战。"曹仁的意图是使襄阳、樊城互为掎角，让吕常牵制关羽的大部兵力。

庞德对曹仁说："魏王令将军约东吴共取荆州，现在敌人自来送死，为什么避而不战？"

吕常说："督帅说得对，坚守才是上策。且我方没有水师，船只也有限，只有待他们上岸才可一战。"

骁将阎行说："这是书生之见。水来土掩，兵来将挡，只是坚守，怎么能够击退敌军？难道吕太守不知兵法所言'军半渡可击'？今关云长的军队半渡襄江，为什么不出击呢？"

曹仁说："关云长勇而有谋，决不可轻敌！我军宜以逸待劳，不可主动出击。"

庞德生气地说："若等关云长兵临城下，将至壕边，那时情势危急，则难以抵挡。"他恰恰是和关羽一样极度自信的人，入曹营之后急于立功，便对曹仁说，"我身受国恩，意在效死。我欲亲自迎击关羽。今年我不杀他，他必杀我。"

曹仁没再说什么，众将回去各自部署防御。

关羽大军进抵襄阳后，并没有遭到激烈抵抗。吕常将五千兵力退入城内，固守不战，于是关羽将襄阳城紧紧围住，然后渡江攻打樊城。

这天早晨的天气像往日一样，蔚蓝的天空中朵朵白云自在地飘荡，远处山坡上的树林被秋季的阳光染得色彩缤纷。关羽兵临樊城，把赵累、关平、廖化等人叫来面授机宜，随后三人各自带兵走了。关羽指挥大队人马往前冲杀，迎面与曹军相遇，两军人马立刻摆出阵势相战。

此战是首战，关羽志在必得，因此亲自出马。

关羽正要出击，突然从西北面杀出一队人马。探马向关羽禀报："关将军，来人是'白马将军'庞德，听说他备棺出战，扬言这回要把您三十年的威风打下来。如果他赢了您，就把您的项上人头放在棺内，回去交给曹操；如果您把他杀了，那他的尸身也放在棺内抬回去。"

关羽剑眉一拧，说道："这厮竟如此狂妄，那本将军就会他一会！"

这时庞德骑着一匹白马已逼近，只见他体格魁梧，一张四方脸，脸色白中透黄，一字横眉，两只大眼，塌鼻梁，厚嘴唇，三绺墨髯，看年纪三十多岁；身披银铠，穿着青袍，手中持一把截头刀。庞德身后跟着五百精兵。

关羽不屑地用手一指："对面来将通名报姓。"他明知故问。

庞德把截头刀一举："安南庞德庞令明，来取叛贼关云长项上人头！"他是指关羽叛离曹操。

关羽脸色一沉，大刀一指："庞德，你当年不过是马超手下战将，如今背主而降曹贼，你还有何颜面说'叛贼'，又有何脸面在阵前叫嚣！"

庞德在马上发出一阵冷笑："关云长，今日不是你死就是我亡，尽管放马一战！"他心想：今天我要立功！我的妻儿老小全在曹操手中，我若不拼死一战，家人难保，三族难保！他催马直奔关羽，两人杀了五十多个回合，难分输赢。但庞德毕竟年轻，关羽自知战下去对自己不利，于是拨马退去。庞德感慨关羽虽年事已高，却仍有此等武艺，也未下令追赶，只待来日再战。

　　第二天，关羽备齐人马，准备向驻守在樊城之北十余里的庞德发起进攻，然后完成对樊城的重围。关键时刻，关羽得到情报，曹操已派遣左将军于禁增援樊城。此时樊城尚未被包围，并没有"内外断绝"，于禁所督的三万余人马匆匆赶来屯驻于樊城西北。

　　于禁的人马为何来得如此之快呢？原因很简单，于禁所部原本就是准备与曹仁南下攻打荆州的。只因汉中战局有变，曹操亲自去了汉中，于禁的部队便成为曹操的后备力量。结果，曹操很快放弃了争夺汉中，退驻长安，于禁的部队也随之处于休整备战状态。这支部队可谓曹军精锐，由七路人马组成（每路人马约五千人），分别是于禁、张辽、张郃、朱灵、李典、路招、冯楷，共有三万余人，且机动性很强。后张辽、张郃被调往他处，曹操不放心，又调徐晃屯守宛城。曹仁令于禁、庞德率军屯于樊城北十里处，互成掎角之势。此时的樊城，东面、南面都是汉水，北面、西面都有驻军，想要围城就没那么容易了。关羽北伐的前景看上去已经不那么明朗，而曹仁终于睡上了安稳觉。

　　曹军重兵来援，忽然间双方实力转换，关羽的兵力优势荡然无存。他不想就此罢兵。在他的人生之中，从来就没有"半途而废"这个词。他与曹仁、于禁、庞德的军队展开了殊死搏斗，在不占优势的情况下，挡住了曹军进攻的步伐，曹操帐下众多一流猛将没占到什么便宜。或许是关羽的坚持让老天也有意成全他，就在关羽茫然无措的时候，他很快获得了一次良机。

时值八月，大雨连绵数日。有参将向于禁表达了担忧："于将军，咱们的人马在低洼处扎营，虽平坦，但地势很低。这些天天降大雨，襄江（汉江）水一涨，我军危矣，请将军早做定夺。"

于禁把脸往下一沉，没好气道："现在我军人心稳定，大雨过后就可解樊城之围，此时不可动摇军心。现在已是秋季，这雨水不日便会停下。"

关羽见大雨一连下了数日不绝，心中萌生一计。他派出几小队人马，将汉水两岸堤坝的数处豁口堵上，以抬高汉江水位。又命令詹晏、陈凤、关兴等人多预备船筏。

都督赵累不解地问道："陆地相持，哪里用得着船只？"

关羽说："于禁七军不屯驻于广阔平坦的高地，却聚集在低洼险要之处；如今大雨数日不绝，襄江之水必然暴涨泛滥；我已派人去堵住各处水泄口，聚水蓄势，等到山洪暴发时，必定淹没于禁营地。我军驻扎在高地之上，立即乘船进攻，曹军将不战而降。"

一切果如关羽所料，大雨一连下了十余日，汉水暴涨。这天凌晨，已移军于平鲁小城的庞德从睡梦中惊醒，听见外边呼呼咆哮的洪水声，心中莫名惊惧。庞德急忙出了营帐，举目所见，江堤洪水满溢，汉江之北，四面八方已是一片汪洋，平地水深少说也有二丈有余。远处有许许多多高地，也似水上漂浮之物。惊恐之中，庞德忙令三千甲士迅速披甲待命，他料定关羽的水师很快就会杀过来。

躲在樊城的曹仁也慌了，他怎么也没想到，今年的水势如此之大，可以说是几十年难得一遇。这时去加高堤坝已经来不及了，眼看大水漫过堤坝，一夜间平地积水数丈，他束手无策。

清晨，雨还在下个不停。关羽已经集结了水师所有船只人马，摇旗呐喊杀向曹军营地。此时，曹军主将曹仁被困在城内，洪水早将城门封闭、道路淹没；驻守城北的于禁，军械、粮草、辎重已经没入水底，他的几万人马被洪水所逼，不得不舍弃营帐，爬上大小坡地躲避洪水。一座土山挨着一座土山，每座土山上都有兵将挤在一起，一个个全成了瑟瑟发抖的落汤鸡。

天已大亮，于禁望见不远处一支船队浩浩荡荡驶来，桅杆上竖有"关"字大旗，船上是全副武装的甲士、弓箭手。还有数不清的木筏，载着弓弩、战马紧随其后。等关羽的船队开到面前，于禁想抵抗，可他手中没有武器，浑身湿透，饥肠辘辘。想到自己跟随曹操三十年南征北战，什么阵仗没见过，但今天这个局面——仗还没打，三万人就泡在水里，冻饿一宿，狼狈至极——是他做梦也没想过的。

土山上有少数带了弓箭的士卒，面对如浪潮般汹涌而来的荆州水军，他们慌忙开弓射击，片刻就把箭矢射光了，只有被当作箭靶的份。

这样的仗还用打下去吗？身经百战的于禁对战场形势的判断少有失误，他悔恨自己不该接这趟差事，一世英名毁于一旦。于禁呆呆地站在土山上，进退无据。关羽则立于宽大的木筏上，用手点指："于禁匹夫，此时还不归降，更待何时？"于禁颤颤巍巍，艰难地吐出两个字"愿降"，声音低到他自己都听不见，然后缓缓跪下。

主将已降，将卒三万之众，除去被洪水卷走者、被荆州水军射杀者，不少于二万人全都跪地而降。关羽下令将于禁捆绑起来，押回待审。

这时候，在平鲁城的庞德头戴盔甲，手中握刀，立在河堤上，环视左右说："勇将不怯死以苟免，壮士不毁节而求生。今日就是我的死期。我们当奋力一搏。"他的三千人马武器装备俱在，他选择了与关羽拼死一战。

庞德的人马早就列好阵式在大堤上迎敌，他一声令下，数千弓箭齐发，飞矢如蝗。关羽也不急于登岸，只让士卒远远地射箭还击。

庞德部将成何在前边指挥兵将只管往关羽的木筏上射箭。关羽气急，认扣填弦，箭似流星，"嗖"的一声，正中成何右胸，成何"扑通"一声落水。

曹军兵卒一阵慌乱，有人想逃，却被庞德的长刀拦住。将军董衡、部曲将董超眼见四面八方都是荆州水军的船只，自己的部下已淹死了不少，于是劝庞德："庞将军，咱们的军士伤亡一半了，四下无路，不如归降以求活命，来日再作计议！"

庞德怒从心头起:"我此次要跟那关云长决一死战,岂能归降?你们身为将领,说出这种话来动摇军心,有辱军威,怎对得起魏王的信任!"话毕,他手起刀落,把董衡、董超斩杀,然后对部下兵卒说:"再有说降者,下场跟此二人一样!"

"将军,我们决心跟您死战!"众将士吓得齐声起誓。

庞德督促将士们一阵阵猛射。战斗进行到中午,关羽发现曹军的箭矢用尽,于是下令冲上岸去,近身搏杀。关羽也翻身上马,直朝庞德杀去。庞德毫无惧色,大喝一声,往前一催马,就奔关羽而来。

关羽疾驱而进,手起刀落,庞德立刻合刀招架,两个人冲杀在一起,寒光闪闪,刀对刀的碰击声不绝于耳。庞德抱着必死决心而来,精神抖擞,一口长刀抡动如飞,而关羽刀法熟练,且斗志、毅力丝毫不逊庞德,气势上还要略胜一筹。两个人马打盘旋,大杀大砍,把两边的兵将都看呆了,他们从没见过如此令人眼花缭乱的搏杀。

庞德等这一天已经等了很久了,他全身心投入打斗之中,越战越勇。关羽见他武艺超群,又勇毅善战,生了爱才之心,舍不得将他砍杀。二人不知战了多少回合,待关羽稍有松懈,庞德才往四下扫视一眼,发现自己身边的将卒已所剩无几,顿时战意全无。他一拨马头,转身便跑。关羽哪会让他轻易跑掉,跟在后面紧追不舍。

庞德见无法逃脱,便放松马缰,拖刀于地。关羽心想,在老夫面前使"拖刀计",岂不可笑。却见庞德一弯腰,从身后拿过弓箭，转身"嗖嗖嗖"接连射出三箭。关羽想躲已然来不及了，一支箭矢正射到额头上，幸亏有铁盔挡了一下，才只受了点皮肉伤。

关羽受伤后稍停顿了一下，庞德已经向水边的一只小船跑过去，欲乘船逃走。关羽正要拿箭射他，一摸箭囊，却没了箭。

这时上游快速驶来一只大木筏，木筏上站着一位壮士，正是关羽的侍卫长周仓，关羽大喊："别伤他性命，生擒他！"于是周仓借着水势猛然撞向庞德的小船，庞德船翻，他也落入水中。周仓一伸手就将庞德擒住，又狠狠地一把将他扔到大木筏上。

至此，一场水陆混战宣告结束。史载："秋，大霖雨，汉水泛溢，禁所督七军皆没。"

水淹七军之后，关羽忙着处置俘虏。这天，他升帐而坐，让两个军士把于禁押上来，问他有何遗言。于禁拜伏于地，哀求道："关将军，我于禁今落入将军之手，死而无憾。只是那些被俘将士，都是随我出生入死的好汉，但求将军饶了他们性命。"关羽轻蔑一笑，谑道："只怕于将军是借口保自己性命吧。"于禁又连连叩头："于某只求速死。"

关羽说道："降就是降，何须说得大义凛然。像你这么没大丈夫骨气的人不配我杀，免得污了我的刀。"说完，即命人把于禁和两万多俘虏一并押送回南郡。

接着，庞德被绑着见关羽，他不肯下跪，关羽倒也没有计较，只是对庞德说："你原本是马超麾下勇将，而今你故主马超在汉中王帐下为将，你哥哥庞柔也在汉中王帐下为官，你有这般本领，汉中王一定会重用你，你何不早早投降呢？"

一向高傲的关羽主动降低身份来与败军之将交谈，实属不易，可庞德一点也不领情，竟对关羽破口大骂："匹夫，我魏王统兵百万，威德盖世，刘备不过是欺世盗名之徒，岂能和魏王相比？我庞德宁可做魏王的鬼，也不做你等贼人的将！"

关羽再一次被他的言语挑衅激怒了，当即命人将他推出去斩首，但有感于庞德宁死不屈的壮士精神，又令人厚葬庞德。

消息传到洛阳，曹操也很感慨："我和于禁相识三十年，怎料在危难之时，于禁反而不如遭猜忌的庞德！"他不禁为庞德流下几滴眼泪，然后封庞德的两个儿子为列侯。

第三节 围困襄樊

关羽处理完俘虏之事后，又向樊城曹仁发起猛攻。这时候大水还未退去，城中因浸泡日久，处处崩塌，而且于禁被擒、庞德被杀的消息也传到了樊城，曹仁部下见守住樊城无望，都感到惊恐不安。有人对曹仁说："督帅，樊城保不住了，现在的危机不是我们的力量所能应对的。咱们应该趁关羽的包围尚未完成，赶紧乘轻便船只连夜退走。"

曹仁心想，没了援兵，这座城确实保不住，不能让自己成了瓮中之鳖，今日丢了城，明日还可夺回来；若丢了性命，那就真的全完了。于是他传令，准备行装，预备船只，当夜弃城回许都。

汝南太守满宠赶紧来见曹仁，谏言："督帅，山洪来得快，去得也快，定然不会滞留很久，过几天大雨一停，洪水必然退去。我听说关羽已经暗中派别的部队至郏下，许都以南百姓都准备逃难去了。关羽之所以不敢再向前推进，是顾虑我们攻击他的后路。别看小小一座樊城，您在这儿督兵镇守，可以镇住关羽；若现在我军退走，关羽大队人马必会长驱直入，直逼许都，黄河以南地区就不再为魏王所有，而要全归关羽了。如此关键时刻，督帅您应该在此地坚守待援。"

曹仁闻言，抚掌叹道："若非伯宁（满宠表字）指教，恐误了魏王的大事。"于是，曹仁把宝剑往空中一举，命人找来一匹白马，效仿当年刘邦白马盟誓，激励手下的将士说："众位将军，我受魏王之命镇守樊城，城在人在，城破人亡！若城破，我绝不独活，如果再有言弃城者，立即斩首示众！"

满宠也亲手溺死了自己的坐骑，表示绝不逃跑，誓与关羽死战到底！在这种气氛的感染下，众将也下定决心，齐声高呼："愿随督帅，坚守樊城！"

此时，樊城的曹军大约有五千人，未被水淹没的城墙也仅有几尺高，形势岌岌可危。关羽乘船至城下，不待洪水退去，就将樊城重重包围，使其内外断绝。关羽又派都督赵累等将领率部紧紧包围襄阳城。曹军将领吕常虽想据城固守，可城中不断有人逃跑，许多受不了饥饿之苦的将领和士兵也冒死出逃，屡禁不止。曹操任命的荆州刺史胡脩、南乡太守傅方都投降了关羽。襄阳男子张嘉、王休向关羽献上"晖景烛耀、灵光彻天"玉玺,关羽准备把它转献给刘备。

同时,为了瓦解敌军,制造混乱,支持和策动曹魏统治区持不同政见者的抗议行动,关羽派遣水师将领詹晏等人,带着任命文书秘密北上,进入曹操所控制的区域,策反被曹氏集团打压的中下级军官,又与聚于山林的反曹势力取得联系,互相呼应,配合行动。不久,反曹的趋势已经形成,加上有人带头,许都以南的很多地方开始动荡,有不少被曹操视为围剿对象的山贼觉得这是个机会,纷纷向关羽示好,詹晏也顺势对他们进行招揽。

九月,曹魏的政治中心邺城也开始不稳定,相国掾魏讽谋反被告发,留邺的公子曹丕一下子杀了数十人,相国钟繇也受牵连而被罢免。

十月初,陆浑县民孙狼等作乱,杀死了县主簿,南联关羽,表示归附。随后,"梁、郏、陆浑群盗或遥受羽印号,为之支党"。这些曹魏集团的反对者自发地组织起来,拿起武器反对曹操,杀曹操任命的太守以响应关羽,遥相呼应,中原地区民心震动。自许都以南,动乱纷起,不断有人叛乱,响应关羽。一时之间,关羽已经威震华夏。

战局不利,政局也完全不受控制地朝相反方向发展,曹操忧心如焚。汉中丢失,荆州吃紧,樊城危在旦夕,很可能在眨眼之间就易手,成为他人进军的前进跳板。不仅如此,如今民心思变,政局动荡。曹操首先想到的是迁出许都,以避关羽兵锋。他与群臣商议说,许都距襄阳不是很远,如果襄阳失守,许都将无险可守，直接暴露在北伐兵团的刀锋之下，一支轻兵便可长驱直入，朝发而夕至。

丞相军司马司马懿、相府西曹属蒋济对曹操说："于禁等人战败，是因为天时气候，并非因为攻战失利。而刘备和孙权两方，表面上看还维持着盟友关系，实际上孙权对荆州之地图谋已久。关羽得志，孙权必然更加难以收回此地。可派人劝孙权进攻关羽的后方，这样樊城之危可解。"曹操听从了他们的建议。当然，他没有把解襄、樊之围的希望全寄托在孙权身上，他也在做着积极的军事部署。

眼下的形势对关羽来说一片大好，他豪情满怀，信心倍增。但他没有多费心思去分析全局形势和可能出现的变数，也没有密切关注曹、孙的动向，更没有想到一张大网正向他拉开。关羽认为，此次出兵只要拿下樊城，大队人马进兵许都，便可擒拿曹操。机会出现了，他试图紧紧抓住，从而进军中原，匡扶汉室，成就刘备的伟业。

大雨终于停了，天空一片幽蓝，大水尚未退去，秋风吹来，卷起层层波浪。关羽伫立在汉水堤岸上，广阔的中原已在他的眼中静静地铺展开。此时，太阳从东方的地平线上升起，在蔚蓝色天空的映衬下，更加明媚，折射出大地的壮美。

关羽正想着等水退之后立马强攻樊城，这时，他的次子关兴来了。相比于长子关平，他与关兴更亲近些。他希望关兴去成都，在刘备身边效力，那样会有更多为刘备效力的机会。恰好他要给刘备上表，奏请封赏有功将士，正可让关兴送去。关兴自然愿意前往。谁也不曾想到，关羽的一念之私，竟让儿子逃过生死一劫。

关兴走后，关羽分兵，一半继续攻打樊城，一半直抵紧邻许都的郏下。能拿下樊城，固然更好；如果樊城久攻不下，关羽准备绕过樊城，指挥大队人马从郏下进兵宛城，然后直逼许都。

数日后的一个清晨，关羽走出军帐，静静地注视着远处在晨曦中屹立不动的樊城，心里难免焦躁。因为这个小小的樊城，一个不足十平方公里的小城，竟然阻止着他踏入中原的脚步。

就在准备进攻樊城的关键时刻，关羽的箭伤发作了。关羽曾被流矢射穿左臂，虽然后来伤口愈合，但是每逢阴天下雨，骨头就疼痛难忍。此时，关羽感觉手臂已经不能自如转动，也无法抬起。

关羽帐下几个主要将领商议："关将军如今箭毒复发，如果他不能统兵，我们可就无法攻打樊城了。可是，关将军誓取樊城，毫无暂退的意思，这该如何是好？"关平见大家低着头不说话，知道大家为难，于是把这些将领全都请到关羽帐中，以探视伤情为由，对关羽旁敲侧击，委婉进谏。

众将进入帅帐，关羽虽然箭伤越来越严重，但仍强打精神问："你们都不用领兵打仗了吗？我不过受了点小伤而已，有什么值得大惊小怪的？"

众将齐齐抱拳拱手道："关将军，您手臂已染剧毒，伤势一旦恶化，恐怕再难挥刀对敌，是不是先回荆州治伤，日后再取樊城为妥？"

不待众将讲完，关羽便怒气冲冲道："诸位将军是否记得我们此次北伐的目的？我们虽然打了几次胜仗，但樊城、襄城一城未攻下，我们之前的胜仗又有何意义呢？今樊城已孤悬，我们只要一鼓作气攻取樊城，就可长驱直入进宛城，然后与邺下的义士联合攻许都，灭曹操，匡扶汉室。这是汉中王平生之愿，岂能因为我这小小箭伤而误了国家大事？如果再有言退军者，以慢军之罪斩首示众！"

马良大着胆子说："据在下所知，曹操早就在调集兵马援救樊城了，我军在樊城已经停滞了那么久，曹操的部署只怕早已完成。且不说我们还有没有机会打下樊城，就是打下了，我们也成了疲惫之师，那时再北伐许都，也是万万不可的。"

关羽马上反驳说："曹操在汉中新败，损兵折将，几大主将曹休、曹洪、张郃、徐晃等人都已兵疲马乏；而淮南的张辽、夏侯惇等人也被孙权困住了。曹操即使增兵来救樊城，又能派出多少人马？难道会比于禁的人马还多吗？就算他再派三五万人马来援，又能奈我何！"关羽言语间已经透露出了更强烈的愤怒，马良只得随大伙退了出来。

虽说关羽不肯退兵让大家担忧，但大家更担心的是关羽的毒箭创伤。于是，将士们遍寻医者，来为关羽诊治。

医者随关平进帐，见关羽正与将士们宴饮，便站在一旁没有出声。其实关羽疼痛彻骨，但他怕军无战心，士无斗志，就把众将士招来宴饮。关平做了一个请的手势，医者来到关羽身边，看了看关羽的伤臂，说道："箭上有乌头之药，直透入骨，如果不及时治疗,这条臂膀恐落残疾。"

关羽说:"请问先生,用什么药物可以治疗?"

"关将军,我自有办法治伤,不过恐怕将军忍不住疼。"

关羽大笑说:"关某视死如归,疼又有什么可畏惧的?"

医者摇头说:"这疼痛非常人所能忍受。需要在清静之处,矗立标柱,柱上钉大环,请将军将臂穿入环中,用绳缚紧,以布蒙住眼睛。然后用刀割开皮肉,直至骨骼,刮去骨上箭毒,用药涂敷,以线缝合,即可无事。"

关羽听明白了,毒药已经伤及骨头,必须刮骨疗毒。关羽伸出手臂,说:"先生只管医治,关某并不像世间凡夫俗子那样惧怕疼痛!"

医者取出刀,割开皮肉,直至于骨,骨头已被毒药腐蚀,泛出乌青之色。医者用刀刮骨,悉悉有声,血流盈盆。营帐内外军人,皆掩面失色。

关羽从容饮酒,与众人谈笑自若,全无痛苦之色。

待医者刮尽感染的肌肤,再为他敷药、缝合。关羽大笑而起,对众将说:"此臂伸舒如故,并无痛感。先生真是神医!"

医者也不禁感慨:"关将军真天神也!"

以上便是"刮骨疗伤"这一故事的真实历史情况。《三国志·蜀书·关羽传》记载:"羽尝为流矢所中,贯其左臂,后创虽愈,每至阴雨,骨常疼痛,医曰,'矢镞有毒,毒入于骨,当破臂作创,刮骨去毒,然后此患乃除耳。'羽便伸臂令医劈之。时羽适请诸将饮食相对,臂血流离,盈于盘器,而羽割炙引酒,言笑自若。"史书文字精短，但把关羽超乎常人的勇敢形象表现得淋漓尽致。

有意思的是，在《三国演义》的描述中，关羽是右臂中箭，而《三国志》中的记载却是关羽左臂中箭。然而不论是演义还是正史，都记载了关羽经历过"刮骨疗毒"。由此可以断定，"刮骨疗毒"的事情是存在的。

但是史书的记载和小说《三国演义》所描述的，还有两点差异。第一是关羽受伤的时间。历史记载关羽受伤的时间是在襄樊之战前，而小说把这段情节安排在了襄樊之战中，但总体来说，确实是在这一时间段，差距并不大。

第二是为关羽疗伤的医生到底是何人，这一点出入不小。这个在所有史书中都没有明确记载，但通过对其他史书的分析，可以确定这个医生肯定不是华佗。因为据记载华佗是在建安十三年（208年）去世的，也就是赤壁之战前后，而襄樊之战发生在华佗去世十一年后，也就是建安二十四年（219年）前后。

刮骨疗毒的故事，表现出了关羽非凡的毅力和勇气，但也可以看出，关羽的性格中带些逞强，他此时的狂傲和极端的个人英雄情结，已经比他的箭毒更深入骨髓，也为他的败亡埋下了伏笔。

此后不久，关羽下令同时攻打襄城和樊城。其时，襄城魏军不到三千人，但因受到樊城影响，吕常把城中百姓召集起来，鼓励他们保卫家园，抗击敌人，到城门口去，守卫每一道门，防护好每一个路口，不要惧怕关羽军队，援军即将到来。襄阳军民开始合力守城。

随着时光的流逝，整整两个月过去了，关羽的脚步仍被阻挡在这座小城前无法迈过。但关羽始终不懈地努力着，每当清晨的第一缕曙光升起在荆山之上时，关羽又与他的将士们站在一起，向樊城发起进攻。

十月中旬，曹操从邺城来到洛阳，亲自指挥救援襄、樊二城。关羽闻讯，开始考虑调整作战部署。

刚从敌后回来的詹晏说："关将军，曹兵虽闻风丧胆，但我担心东吴都督吕蒙屯兵陆口，他跟鲁肃不一样，早有吞并荆州的野心。倘若吕蒙指挥人马取荆州，如何是好？荆州久没有消息传来，是不是有什么变故？"

关羽道："詹校尉所言有理，我也常常思考这件事。虽然沿江一带设有巡江的瞭望台，但难保不会有失误。不如这样，你与马良带一队水师赶回荆州，检查沿江防务，督促他们纠正，并及时把相关情况报来。然后，你们暂留荆州城待命。"

关羽想了想，又说道："我再把陈凤也派去荆州，你们三人带上五百人马，独立行动。另外，你们到荆州后，向治中从事潘濬传达我的军令，要确保粮草无虞，并对糜芳、傅士仁的行动进行监督。如遇问题，及时禀报。"

詹晏说："关将军，恕我直言，潘濬平生最好嫉妒，为人奸猾，贪财利，属下以为不可委以重任。都督赵累现为前军督粮官，此人忠正廉直，如果让他镇守荆州，可保万无一失。"

关羽连连摇头："不可，不可。赵累是我麾下战将，在此还有用处。再说，既然用潘濬，就应当完全信任，若不然，那荆州岂不是没有可用之人了。"

于是，马良、詹晏、陈凤率领一部水师先行回荆州加强后防。

关羽很自信地认为这样部署是万无一失的。可他哪里想到孙权、吕蒙在暗中窥伺，他的一举一动都在"盟友"的监视之下，一张巨大的网正向他展开。

第九章 败走麦城

第一节 阴谋既成

早在鲁肃接替周瑜为大都督进兵益阳时，吕蒙就曾对鲁肃说："今东西虽为一家，而关羽实熊虎也，计安可不豫定？"并且为鲁肃献上了对付关羽的五条密策。但鲁肃没有接受，仍然坚持对刘备集团的友好态度，极力维护双方联盟关系。

吕蒙见鲁肃不理睬他，又悄悄向孙权献计说："如果能从刘备手中夺得荆州，由征虏将军孙皎守南郡，潘璋守白帝，蒋钦率水军在江上巡游，由我率兵前去占据襄阳。这样，何必怕曹操呢？而且刘备、关羽狡诈反复，不可以心腹对待。今天关羽之所以尚未领兵东向，是因为我们这些人还在。如果不趁我东吴强大时图取荆州，一旦关羽作战顺利，再想夺回荆州，那就困难了。"

孙权接受了吕蒙的密策，并同他讨论是先取徐州，还是先取荆州。吕蒙说："现在曹操军队远在河北，抚集幽、冀，无暇顾及东南。徐州固然可以夺到手，但其地处平原，骑兵往来驰骋便利。今日得了徐州，来日曹操必来争夺，即使用七八万人也不容易长守此地。不如攻袭关羽，凭恃长江对我们有利。"

孙权认为吕蒙说得对，便让他着手谋划。不过，他们又担心曹操趁他与关羽开战时攻打淮南，因此，吕蒙的谋划能不能成功，还要看曹操的态度。

建安二十二年（217年），鲁肃去世，吕蒙代替鲁肃为大都督，他表现得对关羽很殷勤，广施恩义，和关羽结下友好关系，甚至劝说孙权与关羽联姻。孙权也答应了，并派诸葛瑾去说媒，希望关羽把他的独女关银屏嫁给孙权的儿子，两家结下姻亲之好。诸葛瑾心想，结一门亲事来巩固同盟也是常用的手段，孙权的儿子与关羽的女儿其实是地位不对等的，按道理关羽应该求之不得。于是，他带着使命来到荆州。

诸葛瑾笑着对关羽说出了此次的来意，关羽让他坐下后却一句话也不讲，自顾自地在思考着。其一，很明显，孙权想通过此举拉拢关羽，让孙刘联盟更稳固，这是一场政治婚姻，关羽女儿嫁去江东也没有幸福可言。其二，与东吴联姻有前车之鉴，当初刘备与孙尚香的联姻就是失败的，孙权为了拉拢刘备与曹操抗衡而联姻，结果危机还没有解除，东吴就开始讨债了。孙尚香也因为东吴之计曾试图带走幼主刘禅，关羽作为刘备的兄弟，对东吴的所作所为厌恶至极。其三，孙权想跟关羽结为亲家，无非是想对他进行拉拢，关羽是一个忠肝义胆的人，一旦孙刘起冲突，他肯定是站在兄长刘备一边，如果东吴以其女儿性命相要挟，那岂不是把女儿害了？刘备是自己的兄长和伯乐，守护荆州是对他的承诺。为了体现自己的忠心，也为了保全爱女，关羽打定主意，准备出言嘲讽，彻底断了东吴的念想。

诸葛瑾见关云长端然稳坐，那真是头上有千层杀气，面前有百步威风，于是谨慎地重复了一遍来意："君侯，我来是为了结两家之好。我家主公听说关将军有女待字，特命我来求亲，结孙刘两家之好，合力破曹，还请君侯思之。"

关羽听人说话时向来微睁丹凤目。等诸葛瑾说完，他卧蚕眉一挑，两只眼睛就瞪起来了，脸往下一沉，五绺长髯胸前飘摆："前来求亲，把我的女儿许配给孙权之子？他的儿子不是已经婚娶了吗？难道要我女做妾？别说是他已经婚娶了，就是没有，虎女安肯嫁犬子？休要多言！如果不是看在军师面上，我早已把你斩杀，来人，送客！"

诸葛瑾万万没想到关羽会说出这样的话来羞辱东吴，羞辱孙权，而且把自己轰出去。这时关羽早就忘了诸葛亮离开荆州时的嘱咐——东和孙权，北拒曹操。关羽拒婚并不是不对，也不是导致他失败的原因，毕竟联姻无法解决两国间的问题，但是他应当采取更加缓和的办法，不应该激怒孙权。本来这时孙权还没有下决心联魏攻蜀，所以才派诸葛瑾来荆州求亲，关羽这一骂就让孙权拿定了主意，这个严重后果是完全可以预见的。

诸葛瑾气冲冲地回到东吴，面见孙权，将在关羽处的遭遇一五一十地如实禀报。如果鲁肃还在，他经办此事，必然会从中调和，但是诸葛瑾向来是个直性子，不懂其中利害。

"虎女安肯嫁犬子乎？"孙权听诸葛瑾这样说，顿时怒火中烧，嚷道，"关云长欺我太甚，好生无礼！召集众文武，商议进取荆州！"

孙权调动大兵，要发兵荆州为自己挣回面子。大臣步骘十分聪明，劝解道："主公，请您暂息雷霆之怒。"

"子山（步骘表字），你有何话讲？"

"主公，曹操是大汉国贼，他有心篡汉，虽兵多将广，但始终在名分上不占优。但刘备是当今皇帝的皇叔，而且信义著于四海，有刘备一天，曹操就不敢篡汉。主公，前几天曹操还派满宠来到东吴，请您发兵灭蜀，这是嫁祸于东吴！"

"子山，话虽如此，不管曹操动机如何，我确实想夺回荆州，教训关羽。"

"主公，您的心意臣很清楚，但曹仁现在屯兵襄阳、樊城，这两地跟荆州又无长江之险阻隔，从旱路便可以去进攻关羽，为什么他们按兵不动，而挑唆我东吴前去呢？从这一点就可以看出曹孟德的奸猾与险恶用心。"

步骘的话击中了孙权的软肋，自己要是跟关羽拼个两败俱伤，还不是让曹操坐收渔翁之利？孙权再次陷入纠结。

孙、曹第二次濡须口之战后，投降派张昭又出来说话了，他劝孙权上表请曹操称帝，孙权自己则可称王，然后再去打关羽夺荆州，曹操定然不会再插手。

孙权觉得可以试一试，于是遣使乞降，向曹操上表称臣，陈说天命，劝说曹操称帝。太子中庶子、曹操的谋士司马懿对答说："汉朝的国运将要终结，十分天下而魏王有其九，却臣服听命于汉。如今孙权称臣，是顺应天人之意。"

这时候，曹、孙就已经开始合谋对付刘备、关羽了，只不过需要找个适当时机而已。无论关羽是否攻打襄、樊，迟早都会陷入这场阴谋之中。但是，关羽对此并不知情。

刘备称汉中王之后，曹操既愤怒又懊恼，咬牙切齿地对身边人说："区区一个织席贩履的草民竟也敢如此，我势必灭之！"

司马懿闻言，劝说道："目前对我们威胁最大的是荆州关云长，主公您要对付刘玄德，不如先断他一臂。孙仲谋之前已向您投降，此时可以给他许下好处，正式把江南一带封给他，条件就是要他出兵袭击关羽的后方。"

曹操说："孙仲谋一直在打江淮地区的主意，他怎么会甘愿放弃合肥而出兵去打荆州？"

蒋济解释道："正是因为孙仲谋图谋合肥已久而一无所得，他才没有信心花大本钱来攻打；相反，荆州之地对他而言，唾手可得，又怎么会不动心？关羽处其上游，孙权自然不愿意让关羽发展势力，早有攻取荆州之意，而今刘玄德又称王，更是让他感到威胁逼近，这比打合肥更为紧迫。如果我们再给他点一把火，不愁此计不成。"

司马懿和蒋济都建议曹操派出使者出使江东，与孙权联盟一起攻打荆州的关羽，这样可一举两得。曹操接受了他们的建议，派使者赶去江东邀孙权一起攻打荆州。孙权见曹操主动相约，很是高兴,立即把谋士们召来,询问如何回复曹操。

步骘说:"主公,我们不妨也派使者去面见魏王,干脆提出两个要求。其一,让曹仁先出兵攻打荆州,待关羽出兵抵抗,江陵兵力空虚,我们随即出击,江陵可得;其二,说服魏王从江淮撤兵,以便让我们抽出足够的兵力攻打荆州,魏王若答应,则淮南无忧,而荆州之地自归东吴。"孙权同意了。

曹、孙双方钩心斗角,都想一举两得,兵锋同时指向荆州。

吕蒙向孙权上书说:"关羽征讨樊城,却留下很多军队防守荆州之地,一定是担心我从后面进攻。请求您允许我以治病为名,率一部分士兵回秣陵(今南京市),关羽知道后,必定撤走防守的军队,全部调往襄阳。我大军昼夜乘船溯长江而上,趁关羽防守空虚进行袭击,如此南郡可攻取,关羽也会被我擒获。"

一个更大的阴谋就这样展开了,而关羽的命运也从此发生转折,一步步走向了深渊。

第二节 腹背受敌

建安二十四年(219年)九月,曹操命驻在宛城的徐晃援救襄、樊。徐晃以所部多新卒为由,迟迟没有行动,并连续向曹操奏请要求增加兵力。

曹军受之前汉中失利的影响,一时没有太多的兵力可调配。曹操知道徐晃说的是实情,他驻屯宛城已近半年,但宛城年初遭曹仁屠城，兵源显然不足。所以曹操不仅没有责备徐晃，还马上把徐商、吕建两部人马派过去协助他。曹操叮嘱徐商和吕建，必须等兵马全部集结后，再一起行动。

曹操为何不急于救樊城呢？并不是他不急，而是他在部署一盘大棋。他的大部人马（曹真、曹休、曹洪及张郃）依然在西线防着刘备，尽管刘备毫无进军关中的打算；东线夏侯惇、张辽仍在合肥防着孙权，尽管孙权已经表示臣服；中线襄、樊战场最为重要和急迫，但关羽的人马毕竟有限，且不像刘备和孙权那样有权调动任何一支部队。所以，对付关羽是最容易的。

在于禁兵败后，曹操才发现与关羽硬碰硬的代价太大了，且要三线作战，力量显然不够。于是，曹操利用孙权急于得到荆州的心理，开始了他的阴谋诡计，试图以荆州为诱饵，让孙刘两家斗得两败俱伤，而他坐收渔翁之利。

十月，曹操坐镇洛阳，亲自进行战略部署，且又给徐晃增兵，殷署、朱盖等十二营兵马陆续赶往樊城增援。徐晃这才进兵至阳陵陂屯（樊城西北八里）。其后差不多两个月，曹操都没有大的行动，他在等孙权一起行动。

为了让孙权放心，曹操还下令把东线的张辽、夏侯惇也调往荆州方向。张辽对曹操的意图了然于胸，知道曹操并不是真要他撤往荆州，只是做样子给孙权看而已，所以他一路磨磨蹭蹭，动作最迟缓。倒是夏侯惇行动迅速，赶到摩陂（今河南郏县东南）时与从洛阳而来的曹操遇上，二人还同车而行。曹操于是大摆阵势，屯驻摩陂。

第九章 败走麦城

与此同时，孙权也在暗中行动。吕蒙对外称病重，孙权十分配合，公开下檄书将吕蒙召回都城。关羽果然中计，逐渐将兵力调往樊城一线。吕蒙马上从陆口出发，逆江而上，侦察关羽在长江沿岸的布防情况。结果令他很吃惊：进入荆州地段后，每隔十五到三十里就有一个瞭望台，每个瞭望台都有数十个士卒把守。船只从江上通过，瞭望台肯定能发现。

就在吕蒙对外称病时，孙策的女婿、定威校尉陆逊来到吕蒙府上拜访。他发现吕蒙并无病色，便已猜到几分。陆逊对吕蒙说："将军，我有一个药方可以把你治好，不知将军可想听听？"

吕蒙装作谦虚地请教："伯言良方，乞早赐教。"

陆逊也不拐弯抹角，侃侃而谈："关羽自恃英雄，觉得再也没有什么人是他的对手。他之所以沿江广设瞭望台，是因为对你还心存忌惮。不如你这个时候说自己病了，辞去军职，让他人取而代之。再让继任者用谦卑的言语赞美关羽，以骄其心。关羽的目的是拿下樊城后继续去打许都，肯定要从荆州调走更多兵力。这样，我们再用一支奇兵，采取奇袭的办法攻取荆州，荆州自然回归东吴。"

吕蒙开始并不想将自己与孙权的密谋告诉陆逊，现在见陆逊的想法与自己不谋而合，心中甚喜。但他还是对陆逊说："关羽一向勇猛，如今新胜，胆略气势更盛，不可轻易攻取。"

于是，吕蒙求见孙权，请他拜陆逊为偏将军、右都督，代替自己镇守陆口。在吕蒙看来，陆逊不仅思虑深远，而且年轻无名，关羽必然不会将他放在眼里。

陆逊接受任命后，连夜赶往陆口。交割马步水三军之后，他立即修书一封，并备下名马、异锦、酒礼等物，派遣使者前往樊城拜见关羽。关羽得知吕蒙病危，孙权将其召回疗养，近期又拜籍籍无名的陆逊为将，代吕蒙守陆口，不由得笑道："仲谋见识短浅，用此儒子为将！"

关羽展信一看，信中写道："关将军水淹七军，捉拿于禁，神威震动华夏，就是当年淮阴侯韩信的背水一战，也比不了您这次的功劳，我们作为盟军，深感将军神威。现在曹操势力依然不容小视，他已派徐晃率五万大军来帮助曹仁，希望关将军连战连捷。我如今接替吕蒙将军，镇守陆口，重任在肩，而我陆逊只不过是一介书生，才疏学浅，望您多加指教。随信送上一些薄礼，请笑纳。"

看完信，关羽觉得陆逊虽然没有什么本事，却态度谦虚、老实，对东吴仅有的一点戒心也荡然无存，于是将军队撤出公安、江陵，增援襄、樊。吕蒙、陆逊的计谋完美地达到了预期效果。关羽的致命弱点——喜欢受吹捧，终于要让他付出代价。

这时候，关羽在樊城接受的于禁投降人马两万多人到达荆州后，粮草供应发生了困难，关羽部下一时想不到解决的办法，便带了一队人马，把东吴贮藏在湘关的粮食抢了。

孙权正愁没有出兵的借口呢，得知湘关的米粮被抢，暗自欣喜，即命大都督吕蒙、右都督陆逊、左都督孙皎立刻行动，袭击关羽的后方荆州城。

建安二十四年（219年）闰十月，西征大都督吕蒙从建业秘密到达寻阳（今湖北黄梅西南）部署作战。吕蒙、陆逊集结兵马于寻阳，令右护军蒋钦率水军从夏口北上汉水，迎战关羽水军；自己率韩当、朱然、潘璋、周泰、徐盛、丁奉所部精兵直驱荆州；孙权亲率一路作为后路接应。可见，孙吴政权对关羽的"偷袭"，几乎是倾国之力。

  吕蒙先点齐三万人马，预备战船八十余只，把所有的战船都改装作商船，然后挑选了一批精锐的兵士，让他们躲在船舱里，船上摇橹的兵士穿上普通老百姓的衣服，另一部分士兵则装扮成商人模样暴露在明处。从外面看，全然是商船无疑。因蜀汉与东吴明面上还是盟友，瞭望台的荆州守军没有理由不让东吴的商船通行或靠岸停歇。没想到一到晚上，船舱里的兵士一齐出动，偷偷摸进瞭望台，把守军抓住，轻而易举抢占了瞭望台。东吴船队昼夜兼行，每到一瞭望台，船上的"商人"就以种种手段诱骗守卫瞭望台的士卒，然后把他们活捉或铲除。结果，关羽部署在长江两岸的瞭望台没能发出任何消息。长江的迷雾之中，许多鸟被一种不安的声息惊起，四散远飞。

  吕蒙、陆逊的船队到达公安地界。吕蒙根据事先得到的情报，了解到驻守公安的将军傅士仁与关羽有隙，早有反叛之心，于是让骑都尉虞翻写信给傅士仁："聪明的人都会预防灾祸，都会为自己的未来做打算，现在，你们内部的人都想归顺，将军独自守城不降，如果死战，只能死路一条，被天下人讥笑。吕将军已进抵南郡荆州城，断绝了你们的后路，你们逃是逃不掉的，到时再投降就迟了，我深为将军你感到不安，希望你能认真考虑。"傅士仁收到书信,当即投降。于是吕蒙带着傅士仁向荆州城进发。因有将军傅士仁伴行,沿岸驻守士卒未做任何抵抗,船队顺利到达南郡荆州城。

荆州城中数十万军民百姓面对来自东吴的骄兵悍将,也做好了死守的准备。太守糜芳本有心据城固守,毕竟荆州是刘备的龙兴之地,也是进军中原的战略要地。糜芳作为王室外戚,若能守住荆州城是大功一件,刘备肯定会大奖其功,前途自然是一片光明。可偏偏傅士仁又来糜芳这里劝降。傅士仁也不多说废话,只对他说:"关羽对我们怎么样,你是心知肚明的,如果你还继续在关羽的帐下做事,总有一天你会死无葬身之地。"

吕蒙则在城下耀武扬威,数万大军已将荆州城围得水泄不通。糜芳站在城墙上往外一看,吓得腿都软了,脑海中的那么一丝抵抗之心立刻丢到九霄云外。糜芳权衡一番,随即降了。

协助城防的典事(治中从事)潘濬既不说降,也不明确表示不降,躲起来了不见人。孙权派人找到他,亲自劝降:"承明(潘濬表字)啊,观丁父曾是鄀国的俘虏,但武王以他为军帅;彭仲爽是申国的俘虏,文王却任命他为令尹。此二人,都是你们荆国的先贤啊,虽然早些时候是囚犯,但后来都得到擢用,成为楚国的名臣。只有你偏不这样,不肯归附,是怀疑我缺乏古人的宽宏大量吗?"说完,又让左右亲近的人用手巾为潘濬擦脸。

潘濬被他感动,从床席上起身,下地拜谢。

吕蒙没想到进展如此顺利,忘记了进一步占领郡治城邑,而是高兴得在沙滩上庆祝。虞翻提醒他:"如今一心降吴的只有糜芳，要想收服人心，应迅速进占城池。"

吕蒙如梦初醒，率军进入荆州城后，把被囚的于禁释放，尽获关羽及其将士家属，对他们都给以抚慰。他对军中下令："不得骚扰百姓和向百姓索取财物。"据说吕蒙帐下有一亲兵，与吕蒙是同郡人，从百姓家中拿了一个斗笠遮盖官府的铠甲。即使铠甲是公物，吕蒙仍认为他违反了军令，不能因为是同乡的缘故而破坏军法，便流着眼泪将这个亲兵处斩。全军震惊，南郡因此道不拾遗。吕蒙还在早晨和晚间派亲信去慰问和抚恤老人，询问他们生活上有什么困难，给病人送去医药，对饥寒的人赐予衣服和粮食。他将关羽库存的财物、珍宝全都封存起来，等候孙权前来处理。

兵不血刃得到公安和荆州两城，孙权自然是喜不自胜。他亲自到两座城中出榜安民，然后重赏糜芳、傅士仁、潘濬等人，有关荆州的军事，全都听取他们的意见。

傅士仁向孙权建议，把汉江直通荆州城的内河（运河）堵死，以防备关羽的水军回援。孙权马上派人去做。不久，武陵部从事樊伷诱导少数部族，意图使武陵依附汉中王刘备。作为樊伷的同乡，潘濬自请率兵五千人前去征讨，果然将樊伷等人斩首，平定了叛乱。

就在吕蒙发兵偷袭荆州城前夕，曹操接到孙权的密信。孙权请求不要把他密信中提到的事情泄露出去，以免使关羽有所防范。曹操问群臣如何处理，众人纷纷说应当严格保密，董昭却说："军事行动，注重权变，要求合乎时宜和利益。我们应当答应孙权为他保密,但暗中将消息泄露出去。关羽听到这消息,可能撤兵保护后方,樊城之围可以立时解除。且关羽南返后,必与孙权交兵,使他们像两匹被勒住马衔的斗马一样,相互敌对而动弹不得,我们只用坐着等待他们精疲力竭,便可坐收渔人之利。再者,被围的将士不知道救兵将至,计算城中粮食不足以持久,产生恐惧,如果发生意外,局面就更难以收拾了。况且关羽为人强悍,自恃江陵、公安两城防守坚固,一定不会很快退兵。此消息一旦泄露,可以鼓舞士气,对我们是十分有利的。"

曹操赞道:"此言甚妙。真是天下智谋之士所见略同耳。"于是,他让谋士赵俨带着孙权的密信赶往徐晃营地,并以议郎的身份参与援救曹仁的军事部署。

此时,关羽的人马分为两部分,两营相距不过七八里,中间隔着一个大土岗(麑战岗)。徐晃大军扎营于阳陵陂,距离偃城仅五里。

赵俨到达徐晃营地后,把曹操想故意将密信内容泄密出去的计谋转告徐晃,并建议说:"关云长对樊城的包围依然很严密,若贸然出战,强行突破其包围施救,只不过是我们自己损兵折将罢了。不如派人潜入城去,与城内的曹将军取得联系,告诉他援军三五天内必至,鼓励将士们坚守;同时通过隐秘的小径,围绕偃城挖掘一道长壕,让关云长认为我们要截断他的后路,对他进行内外夹击。如此,关云长定然不会死战不退。"

徐晃即按赵俨之计,步步为营地向关羽的包围圈推进。当他靠前的营盘距关羽包围圈仅三丈之时,他把孙权写给曹操的密信用弓箭射进了关羽的营地。孙权在信中称赞曹操，表示自己愿意称藩，并说正要偷袭荆州城，请曹操不要泄露消息。关羽看完密信，既惊且疑，脑海中思虑百转。他一方面疑心这是曹操的离间之计，不肯轻易相信，不愿匆匆撤兵，致使前功尽弃；另一方面也感到孙权并不十分可靠，担心孙权真的撕毁盟约，袭击自己后方，使自己面临不利局面。关羽只得下令大军严密戒备，等候荆州的消息，又过了几天，还是毫无音讯。

关羽断定荆州出事了，而徐晃的增援部队也陆续进抵樊城，准备向关羽发起攻势。关羽自知夺取樊城已无希望，更担心荆州被孙权夺去，于是命令各营烧掉营寨，向南撤退。徐晃乘机占领了偃城。史载："关羽遣兵屯偃城，晃既到，诡道作都堑，示欲截其后，羽兵烧屯走。（徐）晃得偃城，连营稍前。"

最初，徐晃不知关羽是真的退走还是使诈，所以只"连营稍前"，没敢全力追击。关羽退走的时候，设置鹿角十重，以阻挡徐晃的战马快速前驱。这时候，徐晃才断定关羽是真正败退，于是下令各路大军追击。按常规，宜撤围后再进，但徐晃直接冲进了阵围中，这时候关羽也还在阵围里，二人展开了一场搏斗。

徐晃是关羽的河东老乡，且当年关羽在曹营效力时，与张辽、徐晃的关系最好，三人以兄弟相称。此时两人已经有十八年没有见面，两人在阵前畅叙往事，气氛十分友好，"遥共语，但说平生，不及军事"。可是谈着谈着，徐晃突然下马，向全军发布命令："得关云长头者，赏金千斤。"关羽十分"惊怖"，对徐晃说道："大兄，此话怎讲？"

徐晃答道："此乃军国大事，徐晃不敢因私废公！"话音刚落，徐晃的军队就发起了进攻，双方随即展开了一场大战，结果关羽战败，被迫退守。徐晃的主力全部杀来，击破关羽的阵线，还杀死了关羽手下的两员大将。

事已至此，关羽不得不全线撤退。关羽军南撤时，很多士卒在抢过汉水时被淹死，降将胡脩、傅方也死于乱军之中。关羽的辉煌来之不易，却消退得很快，转瞬即逝。

第三节 麦城之困

建安二十四年（219年）十一月初，关羽已南渡汉水向南郡荆州城撤退。曹仁、徐晃召集将领们商议是否乘胜追击。众人都说："如今趁关羽身陷困境，内心恐惧，可派兵追击，将他擒获。"

赵俨却说："孙权趁关羽和我军鏖战之际，试图进攻关羽后路，又顾忌关羽率军回救，害怕我军坐享其成，所以才言辞和顺地请求为我军效力，不过是因时机的变化观望胜败罢了。如今关羽已势孤力单，正仓促奔走，我们更应让他继续存在，去对付孙权。如果对战败的关羽穷追不舍，孙权就将由防备关羽变成给我们制造祸患了，魏王必将对此深为忧虑。"

赵俨的意见与曹操对此战役的作战意图完全一致：对关羽追而不打。曹仁脱困后马上赶去曹操大营，跪倒在曹操面前请罪："主公，臣弟曹仁无能，才让关云长得逞。"

曹操忙说："子孝（曹仁表字）这是何言，快起来。我深知关云长的本事，他此时势头正盛，并不是你的罪过。你能够镇守樊城至今不失，使关羽不能杀奔宛城、许都，皆乃奇功。我正要重赏三军！"

曹仁闻言，感激涕零。曹操对待败军之将，无论是于禁还是曹仁，全无半句责备之言，对这样的明主，谁会不愿为之卖命赴死？曹仁说："请主公让我带一支兵马去追击关云长，定当拿他的人头来见。"

曹操笑道："徐公明已经追去了，关云长将成丧家之犬，何须痛打之。"他胸有成竹，知道这盘大棋已经赢了。

然后曹操亲自到关羽军的营寨，察看了一番之后，称赞说："谁说关云长只是勇夫？这座大营安排得如此之好，徐公明深入寨前阵围中竟获全胜，想孤用兵三十多年也不敢长驱直入敌营，公明真胆识兼优者！"

曹操又到偃城视察了徐晃的驻军，这是由多支不同队伍混编而成的部队，却军容整肃，步伐整齐划一，不禁赞叹："徐公明真有周亚夫之风！"

在徐晃率部过汉水追击关羽的同时，陆逊率领徐盛、周泰、丁奉等将领继续溯江西进，与习珍兄弟交战，习珍、习宏被迫诈降；至宜都，刘备任命的宜都太守樊友不战而逃，各城的长官以及各部族的酋长都归降了陆逊。陆逊这一路人马也是所向披靡，士气大盛，旗下李异、谢旌等率三千人进攻詹晏、陈凤等人获胜，他则一直打到秭归，最终占领整个夷陵以及宜都等地区。

孙权任命陆逊为右护军、镇西将军，晋封为娄侯，率兵屯驻夷陵，守卫峡口。围猎关羽的巨网已经渐渐收拢，关羽西去的路被堵死了。

此时，关羽还试图规整队伍，收复失地，夺回荆州。但前后夹击他的强敌没有给他喘息的时间，后有徐晃的精锐野战部队追击，前有吕蒙据荆州城中阻挡，各个路口都布下罗网，水陆两路撤退的人马都遭到吴军伏击、截杀，伤亡惨重。

关羽问赵累说："现在前是吴兵，后是魏兵，咱们在当中，救兵不到，怎么办？"

赵累说："将军，当初吕蒙在陆口掌握兵权时曾写过信，说跟您共灭曹操，现在他反而违背盟约，帮助曹操袭击荆州。将军暂且在此扎下大营，派人拿着您的信去责问吕蒙，看吕蒙如何对答。"

于是，关羽派使者速往荆州城与吕蒙联系。吕蒙新得江陵城，虽然糜芳、傅士仁两人举城投敌，但老百姓人心未完全归附东吴。吕蒙正在忙着收买人心，他看了关羽的信后，说："关将军在信中指责我违背盟约，其实，那是我镇守陆口时仰慕关将军勇义之名，故而写信称赞。我跟他是私人之交，说要讨伐曹操，也是一己之私见。而今我是孙将军手下之将，孙将军让我夺荆州，我岂可抗命不遵？请你回去在关将军面前替我解释，我也是身不由己！"

关羽还是不甘心，又接连派使者入城，吕蒙每次都厚待关羽的使者，允许其在城中各处游览，向关羽部下亲属表示慰问。有人还亲手写信托使者带走,作为平安的证明。使者返回,便有关羽的部属私下向他询问家中情况,得知家中平安,所受待遇超过以前,关羽军中不少将士因此无心再战,负面情绪不断在军中蔓延。关羽的主力军队被分化瓦解,军心涣散,士卒逃亡者甚众,水陆两路人马都已失去战斗力。

赵累又劝:"将军,现在事情已经十分危急,应当赶紧派人到成都去求救,我等指挥人马,从陆路奔荆州再战。"

关羽双眼一闭,眼泪流了出来:"关某中了奸贼之计,有何脸面再见大哥!"关羽不可能以败军之将的身份入蜀,决定兵行险招,率领襄樊前线的军队掉头南下,要从吕蒙手中夺回南郡荆州城。

这时,廖化、关平等将领赶上前来,向关羽报告了水军全面溃散的消息。关羽听后,完全放弃了回荆州城的想法。众人稍一议论,决定折向西往宜都方向去。他们尚不知道宜都太守樊友已经败逃,也不知道詹晏、陈凤的两支队伍都被陆逊打败。于是,关羽带着数百残兵奔宜都方向而去。

当关羽忽闻报宜都已失时,欲进军相救,做最后一搏,然后向西川靠近。可他们未行进多远,便遭遇了丁奉等人的大部人马。两军短兵相接,展开一场激战。关羽见丁奉人多势众,又知前去宜都已于事无补,于是掉头向北,来到麦城(今湖北当阳市两河镇麦城村),当晚扎营于此。

此时的关羽已经是走投无路,他把众将叫到一起商议。赵累再次提出:"关将军,麦城离上庸最近,上庸由刘封、孟达镇守,您可以派人去求救兵。如果上庸救兵赶到,可以暂时支撑一会儿。西川大兵一到,军心自然安定。"

关羽心想,刘封以副军将军统率孟达,驻守上庸等东三郡。东三郡虽然对于联结益州、汉中、襄樊之地有着得天独厚的地理优势,可对于刘备集团来说,还是处于外缘的战略要地。因此,刘封、孟达两部人马不过三四千人,分占东三郡,兵力本就不足,即使他们在东三郡不留一兵一卒倾巢来救,那也是杯水车薪,于事无补。更甚者,还有可能置东三郡于险境。显然让刘封出兵来救不现实,只有自己投奔而去,也许还有一线生机。

关羽打定主意,准备往上庸撤去。不幸的是,关羽还没有来得及整编队伍,组织起防御,第二天一早醒来,就发现麦城已被陆逊和吕蒙的人马三面包围。关羽所能做的选择一是固守麦城,二是全力突围,他选择了前者。

关羽已经明白了自己的结局,他立于城墙之上,把目光向西望去,似乎他的视线可以穿越遥远的山川,抵达成都,向他的弟兄们做最后的告别。

关羽坚守了几天就已经弹尽粮绝。孙权乘机让诸葛瑾去劝降,关羽凛然说道:"玉可碎而不可改其白,竹可焚而不可毁其节,身虽殒,名可垂于史册。我出道便与汉中王结义,绝不会背弃他,如果城破,我只不过一死罢了。你不用多言,出城去吧。"诸葛瑾向孙权复述了关羽的慷慨之言,孙权叹息道:"关羽是真正的忠臣啊。"的确,在那个不以背叛为耻的时代,像关羽这样忠义、至死不渝的人实在太少了。

第九章 败走麦城

至十二月二十二日，麦城中粮草断绝。士兵们都清楚所面临的形势，他们只是默默地准备着，擦拭武器，麻木地咽下干粮。没有水，有人随手从身边的地上拔起带着泥土的草根，送进嘴里，嚼着，试图吸吮出一丝汁液。他们确信，正在等待的，将是他们的最后一个黎明。因此，他们静静地等待着，没有绝望的悲伤，也不抱任何幻想。除了战斗，然后死去，他们别无选择。

就在这个寒风如刀的深夜，关羽站在城墙上向外望去，星月的微光之下，他所能看到的只有不远处山下，东吴兵层层叠叠的营火绵延四野……关羽心想，自己一战而死，只为了终身恪守的信念，无怨无悔。他不再犹豫，做出了"投降"决定，表面同意孙权的招降，让孙权军队退兵十里，夜间又在城上做了假人，在城头竖起白旗，暗地里带了关平、赵累等数百人，突出北门，往上庸方向退逃。吕蒙认定关羽兵少，不会从大路逃跑，麦城正北有条小路，关羽必从小路逃跑。但到了临沮就没路了，只有一条狭长的深山谷地，名罗汉峪沟，全长三十余里，地势险峻曲折，是古代自荆襄地区通往川陕的咽喉要冲，也是唯一通道。吕蒙令朱然引精兵五千，埋伏于麦城之北二十里，只可在后掩杀关羽而不可正面交锋，再令潘璋引精兵五百，埋伏于临沮的罗汉峪。

关羽出城还没逃多远，忽见一支打着"孙"字大旗的队伍迎面杀来。为首一员大将就是东吴名将蒋钦，他勒马挺枪，大喊道："关将军，你今天怕是逃不掉了，快快投降吧。"关羽大怒，手提长柄大刀，一拍马冲上前去，只五个回合就打败蒋钦。

孙权大将韩当、朱然、潘璋等纷纷前来围攻关羽。杀到黄昏时分,四面山上竟然又有荆州百姓纷纷呼喊自家兄弟,关羽军中兵士大都是荆州本地士兵,听到家人的呼喊,顿时军心涣散,纷纷逃去。最后关羽身边竟只剩下三百多人。

关羽见道路被堵,杀退了朱然、潘璋两路兵马后,解散部队,仅带十余骑往山林里跑,一口气跑出数十里。山路狭窄,林密草深,马跑得很慢。五更时分,他们走到了一个名叫决石的地方,正想驻马休息片刻,忽然一声锣响,路旁冲出几支伏兵,用长钩套索绊倒关羽战马。关羽落马后,起身戴好头盔,整理了铠甲,拿起他那把长柄大刀,与东吴兵展开了近身血战。在这最后一战中,赵累等人英勇战死,廖化等被俘。关羽身负重伤,与关平被潘璋的部将马忠俘虏。

孙权闻讯,大喜过望,令人把关羽带来他的营帐,再次劝关羽投降:"我一直仰慕敬佩将军,想和将军结为亲戚而未能如愿。今天将军被我擒住,可愿归降于我啊?"然而关羽怒目圆睁,破口大骂:"我和刘皇叔一起共谋大业,怎会和你这样的叛贼共事。战败了,无非一死,你们还能怎样?今误中奸计,要杀便杀,要剐便剐,何必废话!"

孙权一时不知如何处置,问身边几位将军:"关云长是当世豪杰,我想以礼相待劝他归降,你们以为如何?"潘璋、吕蒙等人说道:"不可啊,从前曹操得此人,封侯赐爵,三日一小宴,五日一大宴,对他万分恩宠,又可曾让他有半分归降之意?"孙权听了,长叹一声,命人将关羽及其子关平推出斩首。

十二月二十二日这天，当阳麦城外，大雪纷飞，天昏地暗，关羽在寒风中慨然赴死。关羽的败亡，使刘备的蜀汉事业受到了巨大挫折，刘备失去了八郡之地，甚至自此失去了兴复汉室的机会。

第四节 末了一声叹

建安二十四年（219年）对于关羽而言，是一个云谲波诡的年份，既有辉煌的战果，也有流年不利的灾难。北伐作战不到五个月的时间，关羽创造了人生的辉煌时刻，在有限的时间里将生命的价值发挥到了极致。

然而，谁也不能挣脱命运的枷锁，即使是英雄，也得接受命运的支配，谁能事先预料？谁又能将注定的命运改写呢？

关羽被杀之后，马良等人陆续前来禀报刘备：关羽遇难，荆州丧失！据说刘备闻讯大叫一声，昏厥于地，被众官救醒，又一日哭绝三五次，三日恸哭不食，泪湿衣襟，斑斑成血。建安二十六年（章武元年，221年）七月，刘备在称帝三个月、关羽被害将近两年后，"忿孙权之袭关羽"，发兵东征孙吴，结果在夷陵大败而归。

关羽死后，孙权将关羽的头颅送给了曹操，头颅被放在一只精美的木匣里。当曹操打开匣子，看见关羽死不瞑目的那一刻，旁人皆唏嘘叹息。曹操先是惊愕，继而缓缓笑道："云长已死，吾夜眠贴席矣。"

然而，自从曹操见过关羽的头颅之后，时常夜晚噩梦连连，每夜合眼便见关羽。曹操甚为惊惧，叹道："关将军真天神也！"

随后，曹操又令人修祭祀大殿祭祀关羽。有谁能想到，最先祭拜关羽的竟是他的敌人。当然，曹操对关羽的厚葬和祭祀，不仅包含了对忠义壮士的尊重，维护了生者的面子，又可化解危机于无形，同时还隐含了复杂的政治图谋：汉中之战，决战方是刘备和曹操，获得最大利益的却是孙权；关羽的北伐之战，决战方依然是曹操，但这一次他获利最大，使蜀吴从盟友变成敌人。由此，三国势力初步达成了相互制衡的局面。而一代英豪关羽，在某种意义上，竟成了魏、蜀、吴三国政治斗争的牺牲品。

第十章 登上神坛

第一节 英魂涅槃

孙权把关羽的头颅送往洛阳，本想嫁祸于曹操，没想到曹操棋高一着，厚葬了关羽并配祭祀殿。阴谋未能得逞，孙权哪敢怠慢，忙把关羽剩下的遗体也以诸侯的规格安葬在当阳西北，即为关陵（关羽墓）。可怜蜀汉头号战将关羽落了个身首异处的下场，连蜀汉也只立了个衣冠冢，何其悲哀凄惨！

就在收复荆州、诛杀关羽后不久，吕蒙突然染上重病，没过多久便撒手人寰。和吕蒙一起袭取荆州的孙皎、蒋钦、孙贲等将领，也在同一年相继去世。第二年正月，一代枭雄曹操也病逝在了洛阳；同年四月，曹操身边元老级的名将夏侯惇去世；接着张辽、于禁、曹仁、贾诩也相继离世。不久，在定军山一战斩杀夏侯渊而名震天下的黄忠也驾鹤西去。随后又有法正、程昱、甘宁等魏蜀吴二十多位名将、智囊相继去世。

这一颇具巧合的历史,让《三国演义》有了发挥的空间,将吕蒙之死写得处处透露着"诡异",即"玉泉山关公显圣"中的情节。击败关羽后,吕蒙回到自己的军营,等待着孙权的召唤。所有人都知道这个夜晚会有一个最高规格的庆功宴会。大家都在等待着这个时刻的到来。庆功宴按照既定的时间准时举行。孙权尊请吕蒙上座。对于吕蒙来说,这就像一个梦,有一种恍如隔世的不真实感。

席上,孙权说:"孤久不得荆州,今唾手而得,皆子明之功也。"说着亲手斟酒赐吕蒙饮。孙权说的是实话,能袭取荆州,主要在于吕蒙精心策划并亲自出战,所以他当然是立了首功。

就在这时,诡异的事情发生了,只见吕蒙接酒欲饮,忽然将酒杯掷于地,伸手揪住孙权,厉声大骂:"碧眼小儿,紫髯鼠辈!还认得我吗?"说罢用力推倒孙权,大步前进,坐在孙权座位上,两眉倒竖,怒目圆睁,大喝道:"我乃汉寿亭侯关云长。自破黄巾以来,纵横天下三十余年,今被汝辈以奸计谋害,我活着没有杀掉你们,死了也要追索吕贼之魂!"孙权大惊,慌忙率大小将士下拜。

吕蒙似乎受了诅咒,当即倒地,七窍流血而死。

正史的记载更加可信:"封爵未下,会蒙疾发,权时在公安,迎置内殿,所以治护者万方,募封内有能愈蒙疾者,赐千金。时有针加,权为之惨戚,欲数见其颜色,又恐劳动,常穿壁瞻之，见小能下食则喜，顾左右言笑，不然则咄嗟，夜不能寐。病中瘳，为下赦令，群臣毕贺。后更增笃，权自临视，命道士于星辰下为之请命。年四十二，遂卒于内殿。"

所以吕蒙是病死的，而且孙权给予了他极细致的呵护。但是，人们更愿意相信世间有鬼魂存在，也相信吕蒙之死与他计杀关羽有关，这是因果报应。孙权顺应民意，常带着官员百姓到关羽墓地祭拜，"邦人墓祭，岁以为常"。

其实，一批文士武将集体死亡，完全可能是因为频繁的战争，加上气候变化、自然灾害等形成了一场可怕的瘟疫。为了躲避战乱和饥荒，大量百姓流离失所，瘟疫的传播也就更快、更广。战争中，大量士兵、百姓丧生于战火，人们认为，人力无法战胜神奇的自然之力，是鬼邪作祟，寄望于道法能帮人们"驱邪祛病"。

但古时中国人相信，鬼神素有善恶之分，敬奉恶神厉鬼的称"祀厉"，敬奉善灵正神的叫"祀正"。敬奉厉鬼，为的是避免厉鬼将生前怨恨迁怒人间，担心其惹祸，便供奉起来。关羽在大功垂成之际死于非命，自然是满腔怨愤。人们生怕关羽怨灵泄愤人间，于是小心供奉，祈求平安，免遭灾祸。也有人认为，关羽生前是豪侠之士，骁勇仁义，疾恶如仇，惩恶扬善，枉死后，只会向恶人报仇雪恨，对善人则会给予护佑。于是，在荆州南郡，尤其是当阳一带，便盛行祭拜关羽。

南北朝南陈光大元年（567年），当阳县玉泉山首建关公庙，这也是官方修建的第一座关羽庙。而《三国演义》中所说的关羽"显灵"，则是发生在隋朝。《隋书·地理志》载："大抵荆州率敬鬼，尤重祠祀之事。"即荆州民间百姓，极重鬼神祭祀。而当阳本有楚地巫风淫祠的民俗。另外，受天师道影响之巴人，又于南北朝时期迁徙至此。故关羽显灵之传说，经由当阳等地，逐渐向全国扩散。百姓最初建庙祭祀，亦是民俗所致，为消灾弭祸、护佑地方。

到隋朝，南北朝分裂的政治局面终于结束了，隋文帝立朝前期主张调和儒、佛、道思想，佛教得以广泛传播。道教为了巩固自己的阵地，向各地派出道人传法。而佛教不甘落后，也有一批高僧择地兴建佛寺。开皇十二年（592年），天台宗创始人智𫖮游历到荆州，见荆州的玉泉山颇有灵气，于是准备在此兴建佛寺，传扬佛法。不料赶上旱灾，荆州官民皆以为这是神灵发怒的表现，因此并不支持智𫖮传播佛法，而坚持拜鬼神。

智𫖮禅师是个智者，知道如何解开此结，他要把人们祭拜的鬼变为神。《佛祖统纪·智者传》记载："智𫖮大师到荆州，欲创精舍。一日，见关羽神灵告之，愿建寺护持佛法。七日后，师出定，见栋宇焕丽，师领众入室，昼夜演法。一日，神白师，'弟子获闻出世间法，念求受戒，永为菩提之本。'"唐代范摅在《云溪友议》中亦载："或言此祠鬼兴土木之功而树，祠曰三郎神。三郎者，即关三郎也。"

有这样的记载，于是，《三国演义》中的"显圣"情节便出现了：

却说关公英魂不散，荡荡悠悠，直至一处，乃荆门州当阳县一座山，名为玉泉山。山上有一老僧，法名普净，原是汜水关镇国寺中长老，后因云游天下，来到此处，见山明水秀，就此结草为庵，每日坐禅参道，身边只有一小行者，化饭度日。

是夜，月白风清，三更已后，普净正在庵中默坐，忽闻空中有人大呼曰："还我头来！"普净仰面谛视，只见空中一人，骑赤兔马，提青龙刀，左有一白面将军、右有一黑脸虬髯之人相随，一齐按落云头，至玉泉山顶。普净认得是关公，遂以手中麈尾击其户曰："云长安在？"关公英魂顿悟，即下马乘风落于庵前，叉手问曰："吾师何人？愿求法号。"普净曰："老僧普净，昔日汜水关前镇国寺中，曾与君侯相会，今日岂遂忘之耶？"公曰："向蒙相救，铭感不忘。今某已遇祸而死，愿求清诲，指点迷途。"普净曰："昔非今是，一切休论；后果前因，彼此不爽。今将军为吕蒙所害，大呼'还我头来'，然则颜良、文丑，五关六将等众人之头，又将向谁索耶？"于是关公恍然大悟，稽首皈依而去。后往往于玉泉山显圣护民，乡人感其德，就于山顶上建庙，四时致祭。

此段描述，显然取材于智顗禅师的事迹，灌顶显圣为虚，但智顗修寺传法为实，并把关羽这个"孤魂野鬼"请进了寺庙。所谓"鬼有所归，乃不为厉"，关羽此时也由一个人人敬畏的厉鬼，变成更能为人们所接受的神。

这是多么虚幻而神奇的故事，但百姓愿意相信。他们当然希望他们所崇敬的保护者不是厉鬼而是神灵。所谓"生当作人杰，死亦为鬼雄"，鬼之雄者，是为神。神灵，就值得膜拜。

隋开皇九年（589年），关羽的故乡解州修建了关帝庙。关羽的魂魄做了三百多年的孤魂野鬼，终于回归故土。乡间里人还在关羽祖宅，也就是关羽父母投井的地方，修起了一座古朴、庄重、挺拔、巍峨的七级砖塔——祖宅塔。

洛阳的关冢也不断扩建重修，建成了集"冢、庙、林"于一体的关林庙。于是民间传言说关羽"头枕洛阳，身卧当阳，魂归山西"，英雄之魂涅槃重生。

第二节 精神之魂

蜀汉景耀三年（260年）九月，后主刘禅在追谥几位重要大臣时，追谥关羽为"壮缪侯"。

谥号是对受封者生平事迹的高度概括和评价，可谓盖棺定论。通常来讲，谥号字数越多，事迹也就越多。蜀汉"五虎上将"中，黄忠为刚侯、张飞为桓侯、马超为威侯、赵云为顺平侯。

除了关羽，赵云的谥号也有二字。赵云跟从刘备，英勇善战，两扶幼主，劳绩既著，遵奉法度，功效可书。他品性忠良，直言敢谏，曾力劝刘备将本打算赏赐功臣的土地还与百姓。在刘备伐吴前，赵云又进忠言，劝刘备以国仇为重、私仇为轻。后主认为他有贤者之风，能体恤民情，慈爱百姓，其高风亮节令人颂赞。于是，赵云的谥号用了"顺平"二字，柔贤慈惠曰顺，执事有班曰平，克定祸乱曰平。

谥号一般有表扬（上谥）、批评（下谥）、同情（平谥）三种。从关羽的谥号"壮缪"来看，蜀汉对他的评价当属"下谥"。壮，勇武有功者；缪，此作"秕缪"解，"秕"即不饱满，比喻没有价值的东西，可理解为因失误而未成事（或说名气和实际不符）。

关羽一生驰骋疆场，骁勇善战，杀敌无数，为国捐躯，是一名忠勇双全的武将，且为"五虎上将"之首，谥"壮"当之无愧；同时又骄傲自负，最终因种种因素丢失了荆州，功亏一篑，给蜀汉造成了不可挽回的损失，谥"缪"也算实事求是。正如陈寿评价关羽，虽有"国士之风"，但"刚而自矜""以短取败"。

关羽死后，受早期道教影响，三国时期他以"厉鬼"形象出现在人们面前。一方面，人们赞赏和宣扬关羽正义的复仇（惩恶扬善）；一方面又担心他的魂魄祸及无辜者，出于对鬼神的敬畏，人们祭拜关羽，期望避祸降福。隋朝统治阶级推崇佛教，关羽被佛家"请进"寺庙，作为寺庙保护神，人们再也不用担心关羽的鬼魂会降祸了。但此时的关羽还只是相当于佛庙的护法，尚不具备降福于人间的神力。

唐朝是一个崇文尚武的朝代，文人墨客出门都佩带宝剑，"上马击狂胡，下马草军书"正是唐朝的写照。唐开元十九年

（731年），唐玄宗李隆基设文武二庙，尊孔子为"文圣"，姜太公为"武圣"。文庙配祀孔子七十二弟子；武庙配祀古今名将，有孙武、吴起、田穰苴、乐毅、白起、韩信、张良、诸葛亮、李靖、李勣十人。三国人物，仅诸葛亮一人享武庙配祀。皇帝凡任命将领、率兵出征，都要于出发之日祭告武庙。

至唐德宗建中三年（782年），在朝中元老、礼仪使颜真卿的建议下，又增选古今名将六十四人配祀武成王庙（姜太公被封为武成王），以与孔子文庙的七十二弟子相对应。三国人物张飞、张辽、周瑜、吕蒙、陆逊等关羽生前的亲朋好友、竞争对手与关羽一同入祀。此后，对关羽事迹的传播也多了起来。

陈寿曾言："关羽、张飞皆称万人之敌，为世虎臣。"关羽能入祀武庙，正是因为有着"万人之敌"的赞誉。

唐代名臣虞世南评价关羽说："利不动，爵不縻，威不屈，害不折，心耿耿，义烈烈，伟丈夫，真豪杰，纲常备，古今绝。"关羽又享"义绝"之誉。

唐代董侹所撰《荆南节度使江陵尹裴公重修玉泉关庙记》中说："惟将军当三国之时，负万人之敌。孟德且避其锋，孔明谓之绝伦。其于徇义感恩，死生一致。斩良擒禁，此其效也。呜呼！生为英贤，殁为神灵，所寄此山之下。邦之兴废，岁之丰荒，于是乎系。"董侹认为，正因为关羽生为勇敌万人、忠义绝伦的英贤，殁后才能被尊奉为系"邦之兴废、岁之丰荒"的神明。

唐朝时期，关羽一直都是勇将的象征，其"勇""义"精神得到官方的宣扬和推崇，而民间更是尊关羽为强大的神，人们不敢直呼其名字，尊称"关公"或"关二爷"。不过，朝廷官祭的"武圣"依然是姜太公，关羽只在"配享"的位置上。

五代十国时期，在成都建立的后蜀政权，仅仅追封诸葛亮和张飞为王，居然没有提到关羽，很可能是因关羽谥号有个"缪"字。

至宋朝，宋太祖赵匡胤因"杯酒释兵权"得以"黄袍加身"，北宋之初便形成"崇文抑武"之风。宋太祖赵匡胤甚至以关羽被仇国所擒杀为由，把关羽"请"出了武庙的配享队伍。后来大宋面对各地此起彼伏的起义，终于认识到宣扬"忠义""勇武"的重要性，尤其是在南宋民族大分裂、大动荡时期，更需要武力和忠勇精神为大宋王朝御敌卫国。宋孝宗认为关羽"生立大节，与天地以并传；没为神明，亘古今而不朽"，于是大力推崇关羽的忠君义气和勇武精神。宋郑咸《重修关侯庙记》载："巴蜀数郡，以当天下之半，其成功不可待也，而侯（关羽）岂以此少动其心哉？秋霜之严，见晛则消；南金之坚，遇刚则折。而侯之忠义凛然，虽富贵在前，死亡居后，不可夺也。"

《重修关圣庙记》云："忠而远识，勇而笃义，事明君，抗大节，收俊功，蜚英名，磊磊落落，挺然独立千古者，惟公之伟欤。"正是对关羽忠义、仁勇、诚信品质的进一步阐明和褒扬。

至宋徽宗赵佶一朝，连续四次对关羽加封，由"忠惠公""崇宁真君"，到大观二年（1108年）加封为"武安王"，宣和五年（1123年）封"义勇武安王"，期望能得到关公神灵的护佑。

元朝时，元世祖忽必烈熟悉汉文化，并任用汉人儒士整顿吏治和军政。关羽也继承了宋时封号，但重点突出"义勇""英烈"封号。有元一朝，关羽被封为"显灵义勇武安英济王""齐天护国大将军""护国崇宁真君"等。

明太祖朱元璋时，这位和尚出身的农民起义军领袖创立大明王朝之后，便把"忠孝"二字定为立国之本。忠孝为本，耕读传家，是明代人广泛遵循的道德原则与处世法则。万历首辅张居正曾写过一副对联"一等人，忠臣孝子；两件事，读书耕田"，把朱元璋的帝治思想阐述得清清楚楚。朱元璋废掉关羽原有的封号，重新封关羽为"寿亭侯"，建汉寿亭侯关羽庙于鸡鸣山之阳，与历代帝王及功臣、城隍诸庙并列，通称十庙。朱元璋专门为关羽立庙，与天妃、马祖等同列，不再把关羽当成一个忠臣的代表，而是当成一位神仙，且每岁必遣应天府官祭。五月十三日关羽诞辰，又遣南京太常寺官祭。

至万历中期以后，随着内忧外患的加剧，对关羽精神品质的称颂进一步升级。李永常《洪熙修庙记》云："夫士穷见节义，世乱识忠臣。当汉末扰攘之日，人心摇晃之秋，有能竭忠义，抗大节，审顺逆，明去就，拨汉火于灰冷，辅正主于孤弱，挺然特立于千百载之上者，其惟公（关公）之伟欤！"人们对关羽的崇奉也达到了一个新的高度。万历四十二年（1614年），明神宗朱翊钧敕封关羽为"三界伏魔大帝神威远镇天尊关圣帝君"，以求边疆安宁，四夷无扰，朝野安定。自此，关羽由王入帝，有了"关帝"之称。

到清朝时，清军入关前，努尔哈赤和皇太极都极为尊崇关羽。姚元之《竹叶亭杂记》中记载："相传太祖在关外时，请神像于明……又与观音、伏魔画像，伏魔呵护我朝，灵异极多，国初称为关玛法。玛法者，国语谓祖之称也。"这里的伏魔即关羽，而将关羽称为"玛法"（爷爷），也体现了满人对关羽的敬畏与推崇。为倡导对关羽的崇拜，清军入关前，曾在赫图阿拉修建关庙，奉祀关羽。清人王嵩儒曾言："本朝未入关之先，以翻译《三国演义》为兵略，故其崇拜关羽。"

顺治帝福临执政期间，国内的民族矛盾非常尖锐。因扬州、嘉定的屠城导致江南民众激烈反抗；此外一大批前明官员归附清朝后仍心念旧主，甚至"身在曹营心在汉"；更有满人贵族内部的叛乱，和硕英亲王阿济格谋反并因此揭发摄政王多尔衮的篡逆之举。凡此种种，让这位清朝首任大一统皇帝焦头烂额。顺治朝即将关庙载入祀典，岁时致祭，并不断制造关羽显圣的故事，对其予以加封。

雍正帝御制的《关帝庙后殿崇祀三代碑文》提出："盖孔子以圣，关帝以神。神之陟降上下，显赫鉴观，以惊动觉悟，保佑扶持，与斯人呼吸相应者，感而通，微而著，洋洋乎忠义正直之气，充塞于宇宙之间，与日月星辰同其明，江河山岳同其体，风霆雨露同其功用。宜其英灵之振古常新，而为历代贤豪所莫能并也。"

清朝统治者为稳固统治，根据政治形势的需要，倡导弘扬"忠、义、神、勇"精神，并将在汉族中拥有大批崇拜者的关羽推到了一个至高无上的权威地位。关羽崇拜发展到了极盛,关羽甚至被视为保护神,受到广泛的尊崇,关帝庙遍布城乡,家家户户都供奉关帝神像。顺治元年(1644年),"建关帝庙于地安门外宛平县之东,岁以五月十三日致祭"。顺治九年(1652年),"敕封忠义神武关圣大帝"。清光绪帝最后一次追谥关羽,谥号为"忠义神武灵佑仁勇威显护国保民精诚绥靖翊赞宣德关圣大帝"。这个谥号虽然来得晚,但是最长,大概是古代最长的谥号了,尊崇至极,无以复加。

综上所述可知,关羽被神化,乃至被历代推崇加封,都是民间和封建王朝对关羽崇拜的结果。而崇拜的根源,便是关羽的"忠、义、仁、勇"精神。

第三节 文艺作品中的形象

关羽崇拜是我们国家极为常见的一种文化现象。崇拜的形式除了修庙、封谥号、塑像外,还运用各种文字(碑文、史志、平话、小说)、戏剧等描述关羽事迹,塑造关羽"忠、义、仁、勇"的形象。

最早的碑文见于唐朝董侹作于唐德宗贞元十八年(802年)的《荆南节度使江陵尹裴公重修玉泉关庙记》。除了记载关庙的重修过程,还简要讲述了关羽一生中重大的功业,如"孟德且避其锋"等,赞扬关羽"生为英贤,殁为神灵"。

宋代的碑文大都是对关羽的忠义的褒扬。南涛所写《绍兴重修庙记》不落俗套，从关羽所处的特定历史时期入手，把关羽的忠义寓于他南征北战的功绩之中，"王之行事，载于史册，若皎日之明，如高山之耸"。南涛希望关羽神灵能安邦福民，"神既能安，人受多福"。

金、元两代对关羽碑文的撰写都高度重视，特别是蒙古人入主中原之后，更加注意用民族纽带联系关羽的忠义思想。

元代郝经是大儒之后，曾跟随元世祖忽必烈统师献策攻伐南宋，但郝经是山西陵川人，深知关羽的忠义在汉人心中的地位，所以他撰写的《重建庙记》中除了赞颂关羽的忠义之外，还暗示元代统治者要善待百姓，祭拜关公，"千载之下，景仰向慕而犹若是，况汉季之遗民乎"。

但是，碑文文字毕竟有限，更能充分记述、宣扬关羽事迹的是史志、平话、小说等文学作品。

最初的正史里，对于关羽的记载基本上仅限于陈寿的《三国志》和裴松之作的注，而且非常简略。关羽和张飞、马超、黄忠、赵云合在一篇传记里，关羽自己的部分一共只有千余字。

到了宋代，随着经济的发展，世俗文化兴盛，三国故事开始流行。这一时期，人们一改陈寿以曹魏为正统的旧例，始以蜀汉为正统，对于篡汉的曹氏加以贬抑，对于代表正统的刘备加以拥护。人民群众中也相应地形成了拥刘反曹的观念。苏东坡《东坡志林》中有一篇《涂巷小儿听说三国语》讲道："至说三国事，闻刘玄德败，颦蹙有出涕者；闻曹操败，即喜唱快。"

许多文学作品中，都注入了关羽忠义盖世、儒雅绝伦的道德内涵，叙事侧重点、细节选择与描述、人物形象刻画与褒贬都有很大的倾向性。这些作品中的关羽不恋富贵、深明大义、尽忠汉室，还喜欢读儒家经典《春秋》，"羽好《左氏传》，讽诵略皆上口"。再加上宋王朝一直以来面临北方少数民族政权的威胁，因而关羽忠义凛然、抗强助弱的形象愈加为世人所推崇。

元代出现了一部《三国志平话》讲史话本，堪称宋元时期民间三国传说的集大成者。关羽的故事诸如桃园结义、破黄巾、三英战吕布、刺颜良、诛文丑、曹公赠袍、千里独行、斩蔡阳、古城聚义、单刀会、封五虎将、刮骨疗毒、斩庞德、水淹于禁七军等，皆在《三国志平话》中都有所叙述。

元朝末年还出现了一位关羽的崇拜者——巴郡人胡琦，他因为仰慕关羽的义勇忠节，编辑了一本《关王事迹》，书中不仅记录了关羽生前和死后显灵的事迹，还收集了历朝历代有关关羽的封号、庙记、碑记以及关羽的神像、年谱、世系图等，是一本宗教色彩浓厚的关羽百科全书。为了树立关羽文武双全的形象，元代文人还伪造了关羽写的八封书信，这些信也都收录在《关王事迹》中。

宋元时期三国文化以及关羽崇拜的蓬勃发展，都为《三国演义》的出现，以及《三国演义》中关羽形象的塑造提供了基础。

成书于元末明初的《三国演义》是我国历史演义小说的开山之作，由于罗贯中集大成的塑造，史书《三国志》中关公忠贯日月、义薄云天、万人敌、威震华夏的形象更加深入人心。《三国演义》从明代开始广为流传,其对关羽形象的成功塑造,推动关羽崇拜在明清时期达到了巅峰,并一直流传至今。

在此,仅就《三国演义》中的虚构情节对塑造关羽"忠、义、仁、勇"形象的作用和意义进行阐述。

《三国演义》中的细节较之于历史,多有失真。将真真假假的事件串起来看:温酒斩华雄,三英大战吕布,斩颜良、诛文丑,过五关斩六将,杀蔡阳,单刀赴会,水淹七军,擒于禁、斩庞德……这种种情节,层层铺叙,通过气氛的渲染、背景的烘托,使关羽"万人敌"、勇武无双的形象跃然纸上。"勇武"是《三国演义》着力刻画的关羽的形象特点,也是百姓心中关羽作为保护神的基本形象。这也是关羽能跻身武庙,甚至后来成王、成帝的基础。

当然,在历代的皇帝看来,忠义是前提条件,然后才能谈勇武。《三国演义》对关羽的忠义精神不遗余力地进行了挖掘与颂扬。"上报国家,下安黎庶",一开始就将刘、关、张三兄弟的目标确定为"匡扶汉室,一统天下",其忠心天地可鉴,日月可昭。作者为了写出关羽的这份忠诚费了大心思。在社会混乱、王室衰微、群龙无首的形势下,刘备作为一个汉室后裔,名义上有匡扶汉室的使命。这样,关羽对刘备之义,就被上升到对君主、国家之忠的高度。而关羽不恋高官厚禄,不图荣华富贵,不顾危难艰辛的丹心,体现出人们追求"凡人之性,莫不善义"的理想境界。

《三国演义》中的情节虚虚实实,作者有着深层的思考,一方面，通过一系列故事情节的推动来不断丰富这一人物形象；另一方面，借助形象、准确、生动的表述，使关公精神乃至关公文化具有既通俗易懂又高度概括的特点，因此《三国演义》中的关公更接近百姓心目中的完美形象。

"华容道义释曹操"是《三国演义》中的又一虚构情节，这一段也是非常精彩的。建安十三年（208年）底，赤壁一战，曹军大败。曹操领残兵败将在泥泞中奔逃，连遭伏兵劫杀，已成惊弓之鸟，最后只剩三百余骑，终于走上华容道。行不到数里，曹操在马上扬鞭大笑。众问何故，曹操得意道："人言周瑜、诸葛亮足智多谋，我看到底是无能之辈。若在此处埋伏一军，我等皆束手受缚矣。"

话音未落，前面便有一大将提青龙刀，跨赤兔马，截住其去路。此人正是关羽。曹军见了，魂飞魄散，面面相觑。曹操先是惊诧，继而故作从容，纵马向前，欠身问道："将军别来无恙？"关羽也欠身答道："我奉军师将令，已等候丞相多时。"

曹操脸色数变，说道："我今日兵败势危，到此无路，望将军以昔日之情为重。"关羽淡淡道："昔日虽蒙丞相厚恩，然已奉报。今日之事，岂敢以私废公？"曹操说："大丈夫以信义为重。五关斩将之时，将军还能记否？"关羽是个知恩图报之人，想起当日曹操许多恩义与后来五关斩将之事，不觉动心。又见曹军惶惶，皆欲垂泪，心中越发不忍，于是勒回马头，命众军四散摆开。曹操见关羽回马，便和众将一起冲过去。

这一桥段一箭三雕，既塑造关羽忠厚仁义的形象和曹操奸诈虚伪的形象，也塑造出诸葛亮未卜先知的智者形象。真实历史中，诸葛亮并没有那么神机妙算，他没有想到曹操会走华容道，而此时关羽正在汉水与夏水的交汇处，距离华容道有好几十里呢。可就是这么一个虚构情节，将关羽忠义神武、义薄云天的形象展露无遗，让这位坦荡正直又侠骨柔肠的铮铮铁汉形象跃然纸上。

此外，《三国演义》还写到建安十四年（209年）关羽攻打长沙，与长沙城守将黄忠交战，黄忠马失前蹄被掀跌在地。关羽念其年迈，且"生平不斩落马之人"，随后释之。关羽这一仁义之举，正是和他爱惜英雄、不欺弱者的优点及仁慈之心交织在一起的。虚构的情节很精彩，往往会被人们津津乐道。此举也最终使得黄忠归顺蜀国，成为人们理想中的仁义典范。

关羽败走麦城，临死前也是一脸的义愤填膺，说下了这样的一句话："碧眼小儿，紫髯鼠辈！吾与刘皇叔桃园结义，誓扶汉室，岂与汝叛汉之贼为伍耶！我今误中奸计，有死而已，何必多言！"关羽誓死不降，英勇就义，为蜀汉尽忠。

《三国演义》塑造了一个"古今名将中第一奇人"的关羽形象，凝聚在关羽身上的忠、义、仁、勇精神，蕴含着中国传统文化的伦理、道德、理想，故而能被历代统治者所认同并极力推崇，这也是关羽能登上神坛的重要因素。

除此之外，元明清三朝的话本、戏曲也对关羽形象的传播起到了推波助澜的作用。

陶宗仪《南村辍耕录》载，北宋时期，金院本就有《大刘备》《赤壁鏖兵》《骂吕布》《襄阳会》等三国戏，每出戏中都有关羽的形象。

　　进入元代，杂剧逐渐成为文学领域里的主流，元杂剧中有三国故事三十七种，其中以关羽为"正名"的就有十一种。《桃园结义》《三英战吕布》《过五关斩将》以及《单刀会》等关羽的演义故事都已形成。《录鬼簿》载有关汉卿所写剧本《闹荆州》《单刀会》《双赴梦》及武汉臣所写的《三战吕布》等。《关张双赴西蜀梦》（《双赴梦》），写刘备夺得阆州，收关羽、张飞二位弟弟英魂；《关云长古城聚义》写"古城聚义"和"斩蔡阳"两节，"义"从观念升华到感情，化作了自觉的行为和巨大的力量。元杂剧中的三国戏，代表着三国文化达到了一个高峰。

　　明万历年间，神宗朱翊钧敕封关羽为帝君，对关羽倍加推崇。所谓上行下效，那些戏曲作家"揣度圣意"，编写出许多关羽的戏曲，诸如《夜读春秋》《千里独行》《单刀赴会》等。

　　康熙时期，朝廷专门在南府邸和石景山设立了皇家听戏的场所。乾隆年间，"四大徽班"进宫，专演京剧。每一出有名的关公戏，乾隆都要第一时间亲自观赏。《鼎峙春秋》里，有《华容释曹》，彰显了关羽的仁义；《秉烛夜读》体现了关羽的克己复礼；《千里独行》更是将其忠义展现得淋漓尽致。另外，还有不少虚构的故事也被搬上舞台，诸如《关公斩貂蝉》《战长沙》《捉潘璋》等。

　　说起关羽，人们眼前浮现的必定是"卧蚕眉，丹凤眼，面如重枣，五绺长髯，头戴青巾，身披绿袍，胯下赤兔马，手提青龙偃月刀"的威风形象。这一形象由《三国演义》生动地描述出来，又通过这部小说的传播固化。而戏曲又将关羽这一形象进一步渲染刻画，其特色更为鲜明。

在舞台上，关羽的形象都是完美的英雄形象，而且在演出"关公戏"时有很多清规讲究。比如演员总要闭着眼睛，刀不能舞，眼不能睁，动不能大，话不能多；戏中每遇关公的戏，皆不许直呼其名，等等，这些都说明古人对关公深怀敬仰之情，不忍冒犯。

"红脸的关公"独立于戏曲中的老生、小生、文生、武生之外，被称为"红生"。可见百姓对关羽的景仰程度。

关羽的精神内核是忠、义、仁、勇、信。忠，报国以忠死何憾；义，待人以义参天地；仁，为民以仁黎庶情；勇，对敌以勇震华夏；信，处事以信传千古。既有统治阶级所提倡的内容，又有下层劳动人民理解的内容，而且二者之间有一个共同交叉的层面，形成了一个基本的内涵。从民间到官方，以建祠立庙、祭祀、文献、故事、传说、文学作品、学术交流等为传播途径，层层渲染，关公也就不仅仅是一位悲剧性英雄，更被市民阶层认同为忠义千秋的道德榜样和有求必应的保护神，并促使关公文化得以传承和弘扬。关公精神流淌在我们的血液里，沉淀在我们的骨髓里，成为我们共同坚守的精神契约，也凝为彪炳千古、大气浩然的华夏魂。

第四节 三派供奉

关帝庙作为祭祀关羽的庙宇，从一开始就被染上了宗教的色彩，作为承载、传播关公文化和寄托关公信仰的物质载体，其兴建和发展史，更清晰地折射出了关公神圣化的历史。

早在东汉初期，据说东汉明帝刘庄的一个梦引出了到西域去求佛法的念头，于是他派蔡愔、秦景等十八人去"西天取经"，遇上摄摩腾、竺法兰二位高僧，在取得佛经后，他们又恳请二位高僧东赴中国弘扬佛法。他们用白马驮运佛经、佛像，翻山越岭，走过沙漠，于永平十年（67年）到达国都洛阳。

汉明帝见自己的梦境成真，非常开心，对西域来的二位高僧极为敬重，亲自接待，并将他们安排在掌管外交事务的官署鸿胪寺暂住。第二年，汉明帝诏令在洛阳城西修建僧院，专供高僧居住，从事译经、弘法工作。皇帝亲自掌管僧院，故同官署名一样，称僧院为"寺"，又因为佛经、佛像都是用白马驮过来的，所以就将中国第一座佛寺命名为"白马寺"。不久高僧便译出了《四十二章经》。

这是佛教在中国的起源。不过，东汉时期对佛教的崇信仅限于官方少数人，信奉道教的汉桓帝就曾以豪华的仪式拜祭太上老君，并且在同一个仪式中拜祭了佛陀。延熹九年（166年），著名方士襄楷上书汉桓帝：听说皇宫里供奉着黄老和佛陀，可黄老之道俭朴无为，陛下却欲望多多，杀罚多多，这不是明显违背了黄老之教吗？违背了人家的教导，却希望能够得到人家的保佑，世上哪有这种道理呢？至于佛陀，天神曾经派出美女试探修行中的佛陀，而佛陀对美女根本就不多看一眼，只是说："不过是红粉骷髅罢了。"佛陀就是这样坚定守一才终于得道的啊。他列举了近期出现的多种灾异天象，警告汉桓帝远离宦官、改良政治。

这从某个层面反映出，当时拜祭太上老君的人中少有人研读过《道德经》，烧香拜佛的人也并不懂佛经。

东汉后期，道教经典《太平经》开始广泛传播，此经假托神人（天师）与六方真人问答，演说原始道教教义和方术。这一时期，出现了左慈、华佗、葛玄等一帮方士。史载："孙权好道术，葛玄尝与之游，得权器重，特于方山立洞玄观。"孙权在部将吕蒙重病时，请来道士作法祈祷，但还是无力回天，吕蒙最终在孙权的内殿中辞世。

吕蒙突然暴毙，且死相很惨，查究根由，令人不禁想到被吕蒙所害的蜀汉前将军关羽，因此传言是关羽的鬼魂来找吕蒙复仇。孙权对道教的"灵魂不灭"说深信不疑，于是令人在关羽墓地建起冢庙（后百姓改建为祠），常年祭拜。普通百姓于关羽像前、在缭绕的香雾中，倾诉着他们对生存环境最起码的渴望。长此以往，不断地传播和强化着他们对关羽的崇拜。

在以后的百余年间，除了当阳关羽墓地冢祠外，荆襄地方建起了许多祭拜关羽的祠（庙），或城隍庙。《北齐书·慕容俨传》记载:"(荆州)城中先有神祠一所,俗号城隍神,公私每有祈祷。于是顺士卒之心,乃相率祈请,冀获冥祐。"当地百姓心中明白,这位城隍神便是曾经加固荆州城的关羽。关羽在民间口碑好,人们对关羽的敬畏,渐渐转变为敬仰。

到了隋朝,佛教在中国广泛传播,形成了许多本土佛教宗门。隋开皇年间,天台宗创始人智𫖮禅师来荆襄一带传法,并准备在当阳玉泉山兴建佛寺。然而,荆襄百姓对外来的佛法并不接受。智𫖮禅师便因势利导,施展神通度化关羽,借助关羽神力修建玉泉寺。《荆南节度使江陵尹裴公重修玉泉关庙记》记载:"玉泉寺在覆船山,东去当阳县三十里……寺西北三百步,有蜀将军都督荆州事关公遗庙存焉。"这就是说,祠(遗庙)和寺分立二处,一道祠一佛寺。

但佛寺建起来后,这年春季遇上大旱,老百姓传言是因为惹鬼神发怒了。智𫖮禅师于是把百姓召集起来求雨,借机传播佛法。求雨成功,人们才渐渐开始接受佛法。

不过在关羽遗庙,人们对关羽依然祭拜如常。智𫖮禅师又通过关羽玉泉山显圣神迹(《三国演义》中为普净点化关羽),把他"请进"了寺庙。关羽"顿悟五蕴皆空"的道理,欣然皈依佛门。"关羽"化身为"伽蓝菩萨",与"韦驮菩萨"同是佛教大护法,并称为佛教寺院的两大护法神,正式被纳入佛教神话体系。

佛经阐述了一个"真理",即"诸法因缘生,诸法因缘灭"。也就是说,世间万物都是因一定的条件而产生(因缘而起），一旦这些条件发生了变化或不复存在，该事物也就归于失灭或消亡（因缘而灭）。这就是"五蕴皆空"最简洁的解释。

但是，道教的"灵魂不灭"论在百姓心目中根深蒂固，关羽在荆襄地区的形象仍旧非常严肃，也就是说仍旧有着"公厉"那种令人难以亲近的特征。

唐朝官方对佛教加以整顿和利用，并在旧战场各地建造寺院。禅宗神秀大师也来到玉泉山传法。《历代神仙通鉴》记载："唐仪凤末年，神秀至当阳玉泉山，创建道场。乡人敬祀关公，秀乃毁其祠。忽阴云四合，见公提刀跃至，秀仰问，公具言前事，即破土建寺，令为本寺伽蓝。自此各寺流传。"关羽信仰在唐代已随佛教禅宗、天台宗的推广而遍及中国，渐渐被百姓所认可。

但在许多地方，百姓还是按原有的方式祭拜关羽。《北梦琐言》记载："唐咸通乱离后，坊巷讹言关三郎鬼兵入城，家家恐悚。罹其患者，令人寒热战栗，亦无大苦。弘农杨玭挈家自骆谷入洋源，行及秦岭，回望京师，乃曰，'此处应免关三郎相随也。'语未终，一时股栗。"这是关中一带的情形。

至宋代，关羽形象已悄然发生改变，只有少数地方仍可找到唐代关羽形象的踪迹。陆游对湖北富池甘宁庙中竟有关羽像一事感到不可思议，在《入蜀记》中云："至富池昭勇庙……吴大帝时折冲将军甘兴霸也。兴霸尝为西陵太守，故庙食于此。……庑下有关云长像。云长不应祀于兴霸之庙，岂各忠所事，神灵共食，皆可以无愧邪？"《文献通考》记载：赵匡胤于开宝三年（970

年）十月，诏前代功臣烈士二十三人，各置守冢三户，以掩坎日致祭，长吏奉其事，关羽亦是其一。

宋王室南渡之际，陈渊在描述自己游历荆州的经历时写道，荆州百姓常在家中安置一个神位侍奉关公，但是即使父子兄弟在室内交谈时，如果说了有可能让关公不悦的话语，也会相互警示制止，唯恐被神明听到之后怪罪下来。洪迈也在《夷坚志·关王幞头》中记载潼州关庙"在州治西北隅，土人事之甚谨。偶像数十躯，其一黄衣急足，面怒而多髯，执令旗，容状可畏"。这说明关羽公厉鬼神的形象一直到两宋之交还遗留在民间。

这些资料显示，在唐宋，关羽崇拜已经在更多的地方流传开来，只是道教、佛教中关羽的形象有所不同。民间多视之为与鬼有联系的凶神，而佛教中关羽则是提刀跃马、忠义勇武的形象。

到了元代，关羽崇拜已经在其生前活动过的地方形成了较为浓厚的信仰氛围。元代郝经《重建庙记》记载："其英灵义烈遍天下，故所在庙祀。福善祸恶，神威赫然，人咸畏而敬之。而燕赵荆楚为尤笃，郡国州县，乡邑间井皆有庙。夏五月十有三日，秋九月十有三日，则大为祈赛，整仗盛仪，旌甲旗鼓，长刀赤骥，俨如王生。"

明朝初立之时，明太祖朱元璋就把武成王庙祭祀废除。他下了一道诏书说：成王庙里的太公望是周天子的臣子，天子称王他怎么也可以称王？作为有觉悟的忠臣，对这种不合礼制的尊号，他自己也不会接受的。再者说，三代以上，学者大臣都是"文武兼备""无所不宜"的。强行区分文武，真是既偏执，又浅陋。

所以，太公望的王号要拿掉，武成王庙也不再设立。

这套说辞，真是既尊重历史事实，又很有理论高度。问题是，广大人民群众既不关心历史事实，也不需要理论高度，他们只是需要一个崇拜的对象而已。于是人们便联想到了关羽，而关羽的崇拜者在宋朝确实打了很多胜仗。如狄青平定侬智高之乱，一些山西籍的士兵先拜了关羽，然后立了大功；如抵抗金兵入侵的时候，有些城池的士兵相信自己是在关羽的保佑下，才令金兵铩羽而归的。经历了宋元两代，军队里崇拜关羽，打仗前祭拜关羽求支持，已经成了全国性的现象。

朱元璋要重新塑造一个能文能武的武神形象，因忠义仁勇而被民间视之如神的关羽就在备选对象之列，但尚需在"文"方面加以发掘。而朱元璋对"程朱理学"推崇备至，以"程朱理学"为明王朝统治思想的开局，使得明初理学成为政治权威原理和统治工具。

儒家认为，神威能奋武，儒雅更知文。意思是说，如果只有文没有武，就显示不出来威风；同样，如果只有武没有文，就显示不出来谦谦君子之风。纵观历代武将，有几个能像关羽这样能文能武，好学不倦，连战袍还没有脱下就夜读《春秋》呢？

《三国志·蜀书·关羽传》裴松之注称"羽好《左氏传》，讽诵略上口"。关羽熟读《左传》《春秋》，对《左传》的理解很有深度，加上他忠义神勇、忠于汉室，兵败之际英勇不屈，大义归天的伟岸形象，自然符合朱元璋所说的武将能文能武的标准。

《春秋》是汉儒传承儒学的重要内容，从东汉至三国时期，

《左传》的研究成果已经相当丰富，贾逵、郑众、马融、郑玄、服虔等大儒都曾为之注解训释。史家钱穆先生说："隋唐以前人尊孔子，《春秋》尤重于《论语》。两汉《春秋》列博士，而《春秋》又几乎是五经之冠冕。"

儒家的忠义爱国思想，和关羽身上的闪光点相互契合。在大明建国初期，北元势力仍旧在北方边境地区活跃。《明史》记载，在今内蒙古和林地区驻扎的明军为了"抱团取暖"纷纷义结金兰，关羽是义气的化身，他们拜的人就是关羽。另外，随着《三国演义》的流行，"关羽读《春秋》"也随之广为流传。抗击北元，本就是"驱逐鞑虏"，关羽喜爱《春秋》，而春秋时期则盛行齐桓公"尊王攘夷"的旗号。这一点又跟统治阶级的所思所想不谋而合，既可以鼓舞士气，又能够宣传统治思想，何乐而不为？

"义"是儒家的基本伦理，是在血缘之外维系人与人关系的核心价值观。《三国演义》里，曹操俘虏关羽以后，安排关羽和两位嫂子共处一室，这是在试探关羽的人品。而关羽这一夜手捧《春秋》，看到天亮，让曹操心服口服。关羽一夜不睡，体现的是他对刘备有情有义。这个情节在某些版本的三国小说里是没有的，毛宗岗把它加到小说里，还特别强调这个情节重要，就是因为它充分表现了两个主要人物的核心特征——曹操的"奸"和关羽的"义"。

孟子曾说："富贵不能淫，贫贱不能移，威武不能屈，此之谓大丈夫。"从关羽的生平事迹来看，他完全符合孟子的标准，是完美的"大丈夫"。

儒家的荣辱观认为，生存必须"以义为上"，把人的道义看得高于物质利益，同时强调要把道德原则转化为行动主体的道德动机。关羽就是这种舍生取义精神的典型代表，为了成全忠义，他即使牺牲自己宝贵的生命也在所不惜。儒家强调"主忠信"，要求对君主忠贞不贰、对兄长忠义、对朋友信义。关羽自幼读书，学《春秋》大义，深受儒家忠、仁义思想的影响。

关羽体现了孔夫子倡导的"义"，已经具备了代表儒家思想的基本条件，也就顺理成章地填补了武圣的空缺，因此关羽在明朝的地位大幅提升。不久后，朝廷第一次在都城建立官方祭祀的关羽庙。加上佛教《佛祖统纪》、道教《历代神仙通鉴》对关羽的神化，人们对关羽的印象开始定型：儒家供奉的关羽神像大多是夜读《春秋》。有一对联云："赤面秉赤心、骑赤兔追风，驰驱时无忘赤帝；青灯观青史、仗青龙偃月，隐微处不愧青天。"

万历四十二年（1614年），崇宁宫道士张通源奏请将关公册封为帝。万历帝于是册封关公为"三界伏魔大帝神威远震天尊关圣帝君"，并在正阳门关帝庙举行了为期三天的盛大仪典。关公至此成了道教里地位最高的神之一，这比佛教册封的迦蓝菩萨高了很多个等级。

通过儒家、佛教、道教的全力宣传与刻画，关羽至此成为中国历史上唯一被佛、道、儒三家公认供奉的神祇，收获了一大批信徒。关公崇拜在民间也成为一种经久不衰的习俗，清代关庙中有这样一副对联很能概括关羽在中国传统社会中的历史文化地位和巨大影响：

儒称圣，释称佛，道称天尊，三教尽皈依。式瞻庙貌长新，无人不肃然起敬。

汉封侯，宋封王，明封大帝，历朝加尊号。矧是神功卓著，真所谓荡乎难名。

关羽以他的美德受到历代人的敬仰，被后世奉为"仁义礼智信"的化身。南怀瑾在《武圣关壮缪遗迹图志》一书的序中说："至如世所标榜关公之忠义，则于忠道之诠释，不仅施于君臣之际，且可尽于人伦纲常之间。其于义道之影响，且可概于朋友之谊而及于社会之则。是诚春秋大义之微旨，故关公之典范，终能由人道而臻于神明之尊，岂偶然哉？非徒然也。"延续至今，人们按照自己的愿望和理想，进一步把关羽塑造成为一位志向远大、护国庇民、扶危济困、惩恶扬善的神明。

关羽陵墓，全国现有三处：一是关羽故里山西解州衣冠冢，称为关庙；二是河南洛阳厚葬关羽首级处，称为关林；三是当阳葬关羽无首之躯的墓冢，称为关陵。

在国内所有的关庙建筑中，至今保存最为完好的有五六处：河南洛阳关林、湖北当阳关陵、荆州关帝庙、河南许昌霸陵桥关帝庙、山西关羽故里常平关帝庙等。而规模最大、气势最为宏伟的，是位于山西省运城市解州的关帝庙，堪称天下第一关庙。

这座关帝庙分为南北二部，南部为结义园，四周桃林繁茂，春季花绽如锦，使人们俨然置身于当年刘、关、张桃园结义的情景之中；北部是正庙，庙内一切均按帝王仪制兴建。过雉门，穿午门，越御书楼，便至崇宁殿。崇宁殿是奉祀关帝的主殿，四周是高大宽敞的回廊，廊下撑有二十六根精雕蟠龙石柱。在中国，除山东曲阜孔庙外，只有这座关庙配有龙饰。殿外门槛的石板上有一个硕大的脚印深深嵌入石中，传说是关公送客时踩下的，另一只脚印留在了中条山上。由崇宁殿出来再往后走，过了后宫，便是春秋楼（春秋楼又名麟经阁，因儒家的推崇成为关庙的必有建筑），四周共有一百零八扇窗，据说是代表山西所辖的一百零八县。

关公庙中，这位头戴王冠，身穿龙袍，被历代帝王奉为"义炳乾坤""万世人极"的关圣帝君，最早也是一个凡人。作为一种精神信仰，关公带给民众的是良好的愿望和精神寄托，蕴含着中华传统文化的精华，核心内蕴是"义"，表现形式是"忠"和"诚"。

关公不是编撰出的精神偶像，而是从百姓中走出来的被神圣化的历史人物，凝聚在他身上而成为万世共仰的忠、义、信、智、仁、勇，蕴涵着中国传统文化的伦理、道德、理想，渗透着儒学的精义，并有和佛教、道教教义所趋同的价值观念。

千百年来，关羽赢得了无数帝王将相、忠臣义士、凡夫俗子、甚至草莽英雄的顶礼膜拜！忠贯日月，义薄云天，再难有望其项背者。

第五节　忠义生财

关羽被人们尊为武财神，并不是迷信，而是崇尚他的精神，也是一种信仰。神化形象的背后是民众心中最纯粹的信仰，这份信仰寄托了民众对于美好生活的向往。农人，祈求风调雨顺；商人，祈求财运亨通；百工，祈求从业兴旺；官员，祈求国泰民安；军人，祈求和平永驻。

关于关羽被人们尊为武财神，还有一个神话传说。宋徽宗赵佶追求奢靡，政治腐败，外交不力，以致民怨四起。由于宋徽宗笃信道教，上行下效之下，道教不仅尊关羽为神祇，还一再加封，如清元真君、崇宁真君等。

这一时期，出了一位声震朝野的道士，名叫张继先，他是道教天师道第三十代天师，就是人们通称的张天师。

张继先，字嘉闻，号翛然子。据《汉天师世家》记载，张继先至五岁尚不能言，人以为哑，一日闻鸡鸣，忽失笑赋诗曰："灵鸡有五德，冠距不离身，五更大张口，唤醒梦中人。"第二天，小继先坐在一朵莲花上，人们看到后都觉得很惊讶。

张天师天资聪颖，是天师家族的嫡系正传，九岁嗣教，成为第三十代天师。他生来根器不凡，从小就带有神通，稍长，应诏赴阙。宋徽宗见他只是个孩子，便问："你居住在龙虎山中，可曾见过龙虎？"张天师说："我住在山里，虎经常见到，龙颜却是今天才看到。"徽宗见他年纪尚小，回答得如此巧妙，颇感欣慰。宋徽宗问他是否懂得修道炼丹的法术，张天师说："那是远在山野的出家人要做的事，不是一国之主的本分。陛下能够清静无为，一心治理国家，功业也和尧舜一样，那就已经足够了。"很多大臣听说张天师已进宫，纷纷去见他并热情地拿出自己的扇子请求他签名，他就将经书上的话写在扇子上面。每一把扇子上写的话，都对应着这个臣子的命运，只是那些臣子不明其意罢了。

张继先的道教修为深厚，精于符法，通达内丹，是道教当中的雷法大宗师。崇宁二年（1103年），解州盐池溢水，不能形成结晶，人们无法采盐。盐池的卤水需要甘泉水的渗透才能生成食盐，如果浊水流到盐池里，会淤淀堵塞盐卤矿脉，无法结成盐。其时，食盐既用来祭天，又起着养生养脉的功效，同时也是国家财赋的重要来源。解州知州王忠将解州盐池无法结晶的事上报宋徽宗。盐池遭灾可谓兹事体大，宋徽宗立即询问道士徐神翁是怎么回事，徐神翁回答说，是恶蛟在盐池里作怪，唯有张天师可以除掉此妖。

宋徽宗听说张天师可以除掉恶蛟，便派人带上厚礼前往江西龙虎山，诏请张天师出山。张天师应诏来到解州后，查知盐池遭灾乃恶蛟所为，并说这是蚩尤死后的化身。张天师于是上奏宋徽宗：崇宁真君关公的出生地正是这盐产地解州。他生前忠勇，死后为神，智勇双全，只要请关公前往，必能灭妖。宋徽宗准奏。张天师即设坛祭请关公前来降妖伏蛟。

蚩尤（恶蛟）设营于盐池以南中条山下的蚩尤村。关公（真君）与蚩尤开战时因所率神兵不多，就趁原王庄附近夏收村民中午歇晌之际，将他们的生魂摄去充当神兵。交战时蚩尤又施妖法，盐池上空黑雾弥漫，天昏地暗，蚩尤令其兵头插槐叶作标志，以便在黑雾中辨识敌我；又下令，凡头上无槐叶者即敌兵，可杀之。关公将士不明真相，浓雾中难辨敌我，故而首战失利。初战后关公侦知敌情，即令自己的将兵头插皂角叶作标志，并言明，凡头上树叶蔫者即敌兵，可刺杀。因槐叶一到中午即蔫而皂角树叶晒不蔫，关公利用树叶之特性迷惑敌人。蚩尤兵不明真相，在混战中见人人头上都有树叶，不敢动手，结果蚩尤大败被擒。盐池水患尽除，上空的妖雾也逐渐散去，盐池得以恢复生产。

关公在作战时所摄村民魂魄时间过长，再加上天气炎热，村民因尸体已腐，无法还魂而冤死，后人称其村为冤枉庄。后因其名不雅，以其谐音，改称原王庄。关公因平妖有功，被朝廷册封为武安王，并为其建庙宇于原安营扎寨处，名为宁济庙，内祀关公、张飞，殿侧塑蚩尤像，牛头、人身，颈系铁链，貌极凶恶，当地人称其庙为圪塔庙。而那五百乡民也因平妖有功，不入轮回，被玉皇大帝封为"天兵"。

神话故事应理解为对已经发生的事做出解释。这种口耳相传的口述故事，是讲故事的人和听故事的人在互动中磨合出来的，最终形成的都是最符合大众价值观的解释。也许编造此故事的人，原本只因出了重大事故，需要找人背锅罢了，人们却从故事中悟出了更多的东西：这至少说明，在百姓心目中，关羽是武力和勇气的最高代表，有了成为神的资格，自然也就成为盐池的保护神。

整个宋代军事实力都偏弱，逐渐陷入军费不足之困境，经常需要向商人求助。宋朝后期，食盐专卖变为"通商法"，晋商的势力也正是在这一过程中逐渐壮大。晋商在从事商业活动时，将同乡关羽作为守护神加以崇拜。

此神话又经由元代戏曲《关云长大破蚩尤》等广泛传播，在民间，关羽成为商界最受欢迎的神之一。老百姓觉得关羽灵验，是因为他很好地完成了他作为神最初的职责——守护盐池。民间信仰从来不讲深奥理论，检验的标准只有一个：灵不灵。一次灾祸过去，老百姓就会认为神灵起了作用，然后大肆祭拜他们觉得显灵的神，给他申请加封，修建塑像庙宇。一个神一旦让老百姓觉得"灵验"一次，就会进入一个正向循环，下次灾祸来临的时候，人们还是会选择他来祭拜。因此，关羽在商界的影响力也就越来越大。

元代，京杭大运河上出现了一座商旅、水运护佑神祠——关尉祠，就建在徐州的吕梁洪上。

大运河是贯穿中国南北的运输要道，运河在徐州境内山水交融，水流盘曲，依次经过秦梁洪、徐州洪和吕梁洪，由西往东穿越泰山。三洪之中，最为壮观的便是吕梁洪。早在春秋时期，孔子就曾前来观洪，《庄子》中说："孔子观于吕梁，悬水三十仞，流沫四十里，鼋鼍鱼鳖之所不能游也。"真是瀑布飞流千尺，气势恢宏无比。到了元代，瀑布消失，沟壑淤平，乱石峥嵘的河道成了京杭大运河第一天险，激流险滩，稍不留意就会船毁人亡。元代诗人余阙《扬州客舍》写道："船头浇酒祀神龙，手掷金钱撒水中。百尺楼船双夹橹，唱歌齐上吕梁洪。"掷金钱和浇酒于水中，是致敬龙王祈求平安通过险滩。大运河行船的危险性催生了水神信仰，后由邳州人董恩倡建吕梁洪关尉神祠。

元皇庆年间翰林学士赵孟頫所撰《徐州关尉神祠碑铭》记载："庙成，奉牲酒者争门而入，拜于轩陛之间者，至不能容。人之精神萃聚于此，又挟山川之气以自壮，故祷焉辄应，每事必祝，其灵赫然，享祀之至，愈久而愈盛。于此见忠义之士，虽千载，遗烈犹不泯也，岂不伟哉！"除了香火鼎盛，这也是整个大运河漕运及后世所称"江湖社会"祭祀关羽最早的祠庙。

到了明代，山西涌现出了一批靠贩粮贩盐发家致富的大商贾，晋商逐渐成为中国社会中一支非常重要的力量。洪武三年（1370年）颁行的"开中法"、弘治五年（1492年）颁行的"开中折道"制，刺激了更多的山西人走上商路。随着资本的日益雄厚，晋商经营范围也逐步扩大，他们贩卖丝绸、铁器、茶叶、棉花、木材等，上至百货，下至葱蒜，无所不包。这时候关羽的守护范围，就不仅是盐池和水利了，他又成了所有商旅的守护神。一旦到了财神这个层次，推动关帝信仰的力量就不只是晋商，而是所有商人。商人在前往各地经商的时候，都会祈求关公守护，生意成功之后，就会修建关公庙，祭祀关公。商人有钱，修的庙当然更大，香火也更旺，关公信仰也就越来越兴旺了。

第十章 登上神坛

　　明清两代，晋商拉着骆驼，走沙漠，冒风雪，穿戈壁，越长城，贯穿蒙藏边疆，深入俄境西伯利亚，又达欧洲腹地圣彼得堡、莫斯科，走出了一条闻名遐迩的商路。这段路程艰险无比，不仅要经历天气环境的变化无常，还要时常防备盗贼的杀人越货，一不留神，就可能人财两空，死于非命。尤其到包头经商，杀虎口是必经之路。民谣称："杀虎口，杀虎口，没有钱财难过口，不是丢钱财，就是刀砍头，过了虎口还心抖。"长途贩运、跋山涉水，其风险之大可想而知。

　　在晋商心目中，关羽早就超过了其他封神的武将，出门在外，他们必会随身携带关帝画像、圣像、香火或纸符等，关公信仰成了晋商最重要的精神寄托。清朝雍正年间的《朔平府志》记载："（晋商）有时驼行沙漠，风吼雷鸣，群集而呼天，继而默祷关公。风过漠平，回忆危难之际，所见所闻，聚点成形，敷衍成章，代代相互传承。"人们相信晋商的成功与关公的护佑密不可分，因此，各地的商人，如山东帮、川帮、陕帮、徽州帮等，纷纷仿效晋商尊奉关羽为保护神。

　　在河南社旗县，有一个名为赊旗店的古镇，据说西汉末年，皇族后裔刘秀率领强兵骁将在古宛城起兵，征战厮杀，以平天下。一场大战过后，因寡不敌众，他带领一队人马落荒而逃，人困马乏之际，逃至一古镇，得见一家酒店，众将入店狂饮，精神倍增，共议再举大事。酒过三巡，大计商定，唯独缺少帅旗。刘秀走出酒店，抬头看见一个大书"刘"字的酒幌在风中飘荡，顿时大呼："天助我也！"便以酒幌为帅旗，一路征战，所向披靡。刘秀功成,建都洛阳。他称帝后念及"刘"记小店赊旗有功,封此小店为赊旗店。

赊旗店东面的潘河和西面的赵河,汇成了唐河。由此可南抵江汉,北可前往郑州、开封,是交通枢纽。在镇上四下眺望,伏牛山隐隐在北,潘河、赵河逶迤而来,西边是丰饶的南阳盆地,东边是蜿蜒起伏的丘陵。有一位诗人经过此地,欣然吟哦道:"依伏牛而襟汉水,望金盆而掬琼浆。仰天时而居地利,富物产而畅人和。"

得天独厚的地理位置,使赊旗店成为商贸运输中转重镇。晋商将茶叶从福建武夷山通过水路运出,直至河南赊旗店,带动了镇上酒馆、茶业、瓷器、镖局等行业的发展。

清雍正二年(1724年)九月,河南古镇赊旗店的数十家商号掌柜齐聚关帝庙,他们要在这里商讨一件大事,这件事关系到所有商家的声誉。原来,这一年有人以大小不一的戥秤弄虚作假,坑害买主,谋取不义之财。这种目光短浅的做法,虽然短时间内赚到了钱,但是让商家们的集体信誉受到了损害。

于是掌柜们在关帝像前公议校准戥秤,以求公平买卖。他们约定如再有坑害百姓者,就要他自掏银两,请来戏班为全镇的人演戏三天,如有不遵,则禀官追究。

信仰会改变人们的思维模式和行为方式。赊旗店商人崇信关羽,注重信义,这位义薄云天的历史人物从神勇盖世的武将转换身份,成为晋商与其他商帮高度认可的以义制利、公正公平、以忠求财的商业道德楷模。赊旗店的商贸更加繁荣,南船北马,百货总集。

就在赊旗店商人聚会二十多年后,由山西和陕西两地商人发起,赊旗店关帝庙被扩建为山陕会馆(扩建工程共历时一百三十六年,于光绪十八年才全部竣工,成为全国规模最大的山陕会馆),并刻了三块石碑,其中一块清乾隆五十年(1785年)立下的石碑上,刻有当年全镇商行共同确立的十八条有关恪守商业道德操守的规约,他们把誓约的地点选择在关帝庙里。聚集同行倡议以诚为本,公议规程,这十八条规约当人人遵守,主客两便,利人利己。

经过这些事情,特别是在晋商的极力推动下,关羽与经商绑在了一起,成了财神的化身。信仰关公的商人们为了维护自己的信誉,有的时候宁可在经济上受损失。这倒不是因为他们道德高尚,而是因为信义就是他们在古代商业社会的安身立命之本。

同一时期,由于天地会的推崇,关羽又被各种帮会组织当作兴业祖师供奉,除了衙门狱吏、武馆、镖局、驼帮外,诸如"袍哥会"、义和团、白莲教、哥老会、青龙帮等皆塑像或立庙供奉关羽。天地会祭祀关羽的庙中有一诗云:"历朝义气关云长,洪家子弟仿忠良。丹心等候明天子,特来结拜共拈香。"天地会的成员由各行各业的老百姓构成,大家平时都祭拜关公,关公便顺理成章地成为多个行业的祖师爷。例如典当行、脚夫、算命先生、织工、做豆腐的,都将关公作为祖师爷。

所有的关公信仰者都认为,关公代表了诚信,代表了忠心义气、相互扶持。在关公身上折射出的忠义诚信等精神,迎合了商家及企业所需,成为他们向世人彰显商业道德的一面旗帜,寄托着他们对讲诚信、讲义气、讲品格等正义的追求,将人际关系及商业道德的关系处理好,才能获得财富。在关公身上,几乎能看到每一个人想要的东西,他忠贞不贰,他义薄云天,他武艺高强,他知恩图报,他坚强,他自信,他诚信……他满足了各类民众对英雄的憧憬。因此,千百年来,人们对关公的信仰才久盛不衰。

而且,随着华人华侨的迁徙,关羽庙和关羽祠堂修到了全球各地。在世界上三十多个国家和地区,有六万多座关帝庙。不管是天南还是地北,关羽作为一个文化符号,凝聚着全球华人的梦,这个梦小到个人,大到国家,愿一切最美好的憧憬都有最好的结局。